Fêtes galantes

suivies de

Romances sans paroles

Petits Classiques
LAROUSSE

Collection fondée par Félix Guirand,
Agrégé des Lettres

Fêtes galantes

suivies de

Romances sans paroles

Paul Verlaine

Texte intégral

Édition présentée,
annotée et commentée
par Amélie Bonnin,
professeur certifiée de lettres classiques

Direction de la collection : Carine Girac-Marinier
Direction éditoriale : Claude Nimmo
Édition : Laurent Girerd
Lecture-correction : Élisabeth Le Saux
Recherche iconographique : Valérie Perrin
Direction artistique : Uli Meindl
Couverture et maquette intérieure : Serge Cortesi, Sophie Rivoire, Uli Meindl, Marie-Noëlle Tilliette
Responsable de fabrication : Marlène Delbeken

ISBN : 978-2-03-591507-8

SOMMAIRE

Avant d'aborder l'œuvre

Fêtes galantes

Paul Verlaine

Romances sans paroles

Paul Verlaine

Pour approfondir

AVANT D'ABORDER L'ŒUVRE

AVANT D'ABORDER L'ŒUVRE

Fiche d'identité de l'auteur

Paul Verlaine

Nom : Verlaine, Paul Marie.

Naissance : 30 mars 1844, à Metz.

Famille : fils de Nicolas Verlaine, lieutenant du génie, et d'Élisa Dehée.

Formation : baccalauréat en 1862. Inscription à l'École de droit. Commence à fréquenter cafés et salons littéraires.

Début de carrière : parution de poèmes en revue et d'un premier recueil, *Poèmes saturniens*, en 1866.

Premières publications : en 1869, parution des *Fêtes galantes*, puis de *La Bonne Chanson* en 1870, année de son mariage avec Mathilde Mauté. 1871 : Commune de Paris, puis rencontre avec Arthur Rimbaud, qui devient son amant. L'année suivante, fuite en Belgique puis à Londres. Début de la rédaction du recueil *Romances sans paroles*, publié en 1874.

Vers la reconnaissance : le 10 juillet 1873, Verlaine tire deux coups de revolver sur Rimbaud : il est arrêté et condamné à deux ans de prison (1873-1875), où il se convertit. Rédaction de poèmes dont certains figureront dans le recueil *Sagesse*, paru en 1880. À sa sortie de prison, il donne des leçons de français en Angleterre puis dans les Ardennes. Retour à Paris en 1882. Parution de *Jadis et Naguère* en 1884. Sa santé se dégrade à partir de 1885. En 1888, publication d'*Amour* ; début de reconnaissance ; il incarne la nouvelle génération des poètes dits « décadents ». 1889 : *Parallèlement*.

Dernières années : en 1893, conférences en Belgique puis en Angleterre : échec de sa candidature à l'Académie française. 1894 : Verlaine est élu « prince des poètes », malgré la misère et la maladie.

Décès : 8 janvier 1896, à Paris. Inhumation au cimetière des Batignolles.

Photographie de Paul Verlaine.

Repères chronologiques

Vie et œuvre de Paul Verlaine

1844
Naissance de Paul Verlaine.

1853
Naissance de Mathilde Mauté.

1862
Baccalauréat. Lit Baudelaire, Leconte de Lisle, Banville, Hugo.

1863
Rencontre François Coppée, Anatole France, José Maria de Heredia, Catulle Mendès.

1865
Collaboration à la revue *L'Art*.

1866
Parution des *Poèmes saturniens*.

1867
Mort d'Élisa Dujardin (née Moncomble), sa cousine. Commence à s'adonner à la boisson.

1869
Fêtes galantes.

1870
La Bonne Chanson. Mariage avec Mathilde Mauté.

1871
Rencontre avec Rimbaud.

1872
Départ de Verlaine avec Rimbaud pour la Belgique, puis pour Londres.

1873
Verlaine tire sur Rimbaud et le blesse. Condamnation à deux ans de prison.

Événements politiques et culturels

1848
IIe République.

1851
Coup d'État du 2 décembre.

1852
Second Empire.
Théophile Gautier, *Émaux et Camées*.

1854
Naissance d'Arthur Rimbaud.

1854-1855
Guerre de Crimée.

1857
Charles Baudelaire, *Les Fleurs du mal*.

1866
Naissance du Parnasse.

1870
Défaite de Sedan ; IIIe République.

1871
Commune de Paris.

1873
Arthur Rimbaud, *Une saison en enfer*.

Repères chronologiques

Vie et œuvre de Paul Verlaine

1874
Romances sans paroles. Conversion de Verlaine en prison.

1875
Sortie de prison et retour à Londres. Séparation d'avec Rimbaud.

1877-1878
Retour en France.
Il se lie avec un de ses élèves, Lucien Létinois.

1882
Retour à Paris.

1884
Les Poètes maudits ; *Jadis et Naguère*.

1885
Divorce d'avec Mathilde Mauté.

1887-1894
Fréquents séjours à l'hôpital.

1889
Parallèlement.

1891
Bonheur.

1893
Conférences en Belgique et en Angleterre. Candidature à l'Académie française.

1894
Élu « prince des poètes ».
Épigrammes.

1896
Décès.

Événements politiques et culturels

1876
Arthur Rimbaud, *Illuminations*.

1882
Lois de Jules Ferry sur l'éducation.

1885-1888
Claude Debussy, *Ariettes oubliées*.

1886
Stéphane Mallarmé, *Avant-dire au « Traité du verbe » de René Ghil*.

1891
Mort d'Arthur Rimbaud.

1897
Stéphane Mallarmé, *Un coup de dés jamais n'abolira le hasard*.

Fiche d'identité des œuvres

Fêtes galantes / Romances sans paroles

Genre : recueils de poèmes.

Auteur : Paul Verlaine, XIXe siècle.

Objets d'étude : poésie et poétique, correspondances artistiques, réécritures.

Registres : poétique, musical, pictural.

Structure :

• *Fêtes galantes* (1869) : vingt-deux poèmes composés entre 1867 et 1869.

• *Romances sans paroles* (1874) : poèmes rédigés entre 1871 et 1873, répartis en quatre sections : « Ariettes oubliées », « Paysages belges », « Birds in the night » et « Aquarelles ».

Forme : poèmes en vers rimés et de formes variées.

Sujet :

• *Fêtes galantes* : le titre du recueil renvoie au peintre français Antoine Watteau (1684-1721) et au genre pictural de la fête galante, en vogue au XIXe siècle. Ce dernier s'articule autour de la théâtralité et des personnages de la commedia dell'arte, que reprend Verlaine. C'est aussi le recueil d'une nouvelle manière d'écrire, comme l'atteste la liberté formelle conjuguée aux influences de la poésie contemporaine.

• *Romances sans paroles* : dans la continuité du précédent ouvrage, ce deuxième recueil prolonge la réflexion sur l'art poétique. Le thème de la musique, déjà présent dans les *Fêtes galantes*, assure sa cohérence. Par ailleurs, il témoigne de la liaison du poète avec Arthur Rimbaud, dont l'itinéraire est retracé à travers les poèmes de la section « Paysages belges ».

Fiche d'identité des œuvres

Lecture de l'œuvre : entre 1885 et 1888, les « Ariettes oubliées » de *Romances sans paroles* sont mises en musique par Claude Debussy, pour voix et piano. Près d'un siècle plus tard, en 1964, le chanteur Léo Ferré rend hommage à Verlaine en interprétant certains poèmes des *Fêtes galantes*.

Illustration du poème « Clair de lune » *(Fêtes galantes)*, gravure d'Auguste Gérardin (1849-19..).

Pour mieux lire les œuvres

✣ Le contexte politique et social de la seconde moitié du XIXe siècle

Les transformations du second Empire

Le jeune Verlaine a quatre ans lorsque prend fin le règne de Louis-Philippe et qu'émerge la IIe République, à l'issue des journées révolutionnaires de 1848. Trois ans plus tard, le 2 décembre 1851, le coup d'État de Louis Napoléon Bonaparte renverse la République. Ce dernier, proclamé empereur des Français sous le nom de Napoléon III, instaure le second Empire. Ce régime, autoritaire, conserve néanmoins le suffrage universel masculin et s'accompagne de profondes transformations économiques. C'est le début d'une nouvelle ère, celle de l'industrialisation galopante.

La métallurgie et le système ferroviaire se développent. Paris entre dans la modernité, sous la houlette du baron Haussmann, préfet de la Seine : de nouveaux axes sont percés, des immeubles construits, des monuments emblématiques érigés (comme le palais Garnier), entraînant spéculations boursières ou immobilières. Cet essor s'accompagne de celui de la bourgeoisie contre laquelle s'insurgent nombre d'artistes et écrivains, comme Hugo (parti en exil), Zola ou Flaubert, qui récusent les valeurs sur lesquelles elle se fonde : l'argent et la propriété.

Le mouvement insurrectionnel de la Commune

En parallèle, la guerre de 1870 contre la Prusse affaiblit la France, dont l'armée n'est pas préparée pour faire face à l'ennemi : celle-ci capitule à Sedan. Cette défaite sonne le glas du second Empire, le 1er septembre. La IIIe République, instaurée le 4 septembre par Léon Gambetta, fait ses premiers pas dans un contexte difficile pour la France. En effet, en mai 1871, le traité de Francfort mettant fin à la guerre franco-prussienne prévoit la cession de l'Alsace et de la Lorraine à l'Allemagne, assortie d'un tribut de plusieurs milliards de francs.

Les conséquences de la défaite sont aussi sociales : en réaction à la situation économique qui frappe de plein fouet la classe ouvrière et aux positions conservatrices de l'Assemblée nationale, éclate, de mars à mai 1871, la Commune de Paris. Ce gouvernement insurrectionnel met en place une législation sociale et démocratique avancée. Circonscrit à la capitale, cependant, le mouvement s'essouffle. Thiers, chef du gouvernement installé à Versailles, reprend Paris. La « Semaine sanglante », du 21 au 27 mai, signe la fin de la Commune. Verlaine, rangé aux côtés des insurgés, est en danger et perd l'emploi qu'il exerçait à l'Hôtel de Ville. Malgré une répression gouvernementale violente et une durée d'existence limitée, le mouvement exercera une influence indéniable sur le socialisme international.

L'affermissement de la IIIe République

En réprimant et en contenant le soulèvement révolutionnaire de la Commune, la IIIe République s'affirme et se consolide. En 1873, Mac-Mahon est élu président de la République et remplace Thiers. Il instaure, avec l'aide des monarchistes, un régime sévère, fondé sur l'ordre moral. À l'issue des élections législatives de 1879, il se voit contraint à la démission. Son départ permet, en 1880, l'amnistie des condamnés de la Commune, prisonniers ou déportés. C'est dans ce même esprit d'assouplissement que sont votées, en 1881, les lois sur la liberté de la presse, toujours en vigueur aujourd'hui.

La poésie à l'époque de Verlaine

L'après-romantisme

Plus tardif que dans le reste de l'Europe, le romantisme en France triomphe à partir de 1820 à travers la poésie de Lamartine, Hugo, Vigny ou encore Musset. À l'issue des journées révolutionnaires de 1848, cependant, le courant ne correspond plus aux idéaux héroïques de la génération des poètes qui l'avaient porté. Son héritage, fécond néanmoins, porte en lui les germes d'une poésie nouvelle. Celle-ci tend à aller plus loin dans la libération de l'expression et de la forme, tout en plaçant au premier plan, comme Baudelaire ou plus tard Verlaine, les variations sentimentales que ressent le poète.

Pour mieux lire les œuvres

Parnassiens, symbolistes et décadents

En opposition aux excès du romantisme et au culte exacerbé du moi qu'il génère, des poètes se regroupent autour de Théophile Gautier, Leconte de Lisle, Charles Baudelaire ou Théodore de Banville, ainsi qu'autour de la *Revue fantaisiste* (1861) de Catulle Mendès et de la revue *L'Art* (1865) de Xavier de Ricard. Ils entendent former un nouveau mouvement : le Parnasse, ainsi nommé en 1866. Outre les maîtres déjà cités, il regroupe des artistes aux tempéraments divers tels que José Maria de Heredia, Sully Prudhomme, François Coppée ou Paul Verlaine.

Cette poésie refuse tout lyrisme, ne se mêle plus de questions sociales ou politiques et s'épanouit à travers des thèmes mythiques, exotiques, culturels ou religieux. Le culte du beau l'emporte par-dessus tout, en privilégiant des poèmes aux formes complexes, tels le rondeau ou le sonnet. Les mots sont précis, les images lumineuses, le style ciselé : le poète cultive « l'art pour l'art ». Verlaine, tout en pratiquant une poétique très personnelle, y adhère un temps, notamment par la publication de certains poèmes dans *Le Parnasse contemporain* (1866-1876), anthologie commune à ce mouvement.

Cependant, ce parti pris nouveau isole la poésie et ses poètes : Mallarmé et Verlaine, à partir de 1880, ne parviennent plus à publier. La poésie évolue alors vers le symbolisme, fondé par Jean Moréas (*Manifeste*, 1886). Tout en perpétuant l'importance de la forme et de sa perfection prônée par le Parnasse, ce mouvement s'épanouit dans la ligne directe des « correspondances » de Baudelaire, et tend à faire de la poésie un art total, sur le modèle de la musique. Verlaine, très attaché à cette tendance (« Art poétique », *Jadis et Naguère*, 1884), lui apporte beaucoup tout en s'en démarquant.

Les poètes de la dernière partie du siècle sont aussi des marginaux qualifiés de « maudits ». Ainsi, à la lisière du symbolisme, les décadents s'expriment à travers le désespoir et le refus obstiné de toute convention sociale. Ils cultivent l'obsession des mythes, les univers oniriques

Paul Verlaine au café La Source.
Photographie de Dornac (1858-1941), prise vers 1890.

et cauchemardesques. Le langage se déconstruit peu à peu. Verlaine analyse d'ailleurs, dans *Les Poètes maudits* (1884), l'écriture contemporaine de Corbière, Rimbaud, Mallarmé ou Villiers de l'Isle-Adam.

Verlaine et l'incarnation d'une poétique personnelle

C'est dans ce contexte de remise en question fondamentale, marquant la seconde moitié du XIXe siècle, que s'écrit la poésie novatrice de Verlaine, toujours à la frontière des mouvements qui jalonnent son temps. Son premier recueil, *Poèmes saturniens* (1866), même s'il passe quasiment inaperçu, reçoit la critique visionnaire de Sainte-Beuve : « Vous visez à faire ce qui n'a pas été fait. »[1] Par la suite, c'est une véritable esthétique qui se développera au gré des recueils qui paraîtront. Celle-ci privilégie la musique, qui s'entend

1. Lettre de Sainte-Beuve à Verlaine, 10 décembre 1866.

dans le vers impair, et déclare désuets l'alexandrin classique ainsi que l'octosyllabe et le décasyllabe. L'usage de la rime est également détourné au profit d'effets sonores et harmoniques internes au vers. Il résulte de cette liberté formelle une atmosphère d'incertitude et d'improvisation qui privilégie la spontanéité et les aléas du sentiment.

Des *Fêtes galantes* aux *Romances sans paroles*

Fêtes galantes, entre influence et nouveauté

Le titre du recueil renvoie, en premier lieu, à la peinture d'Antoine Watteau (1684-1721) et au genre dont ce dernier est à l'origine : la fête galante, emblématique de l'atmosphère de légèreté qui caractérise la Régence (1715-1723). Très à la mode à l'époque de Verlaine, ce thème est également repris par les frères Goncourt (*L'Art au XVIIIe siècle*, 1859-1875), Théophile Gautier (« Clair de lune sentimental », *Émaux et Camées*, 1852) ou Baudelaire (« Le Jet d'eau », pièces nouvelles des *Fleurs du mal*, 1861).

Mais lorsqu'en février 1869 paraissent ses *Fêtes galantes*, Verlaine, encore inconnu du grand public, ne reçoit qu'un accueil mitigé de la part de la critique. Ce recueil montre cependant les prémices d'une poétique neuve. Certes héritier de Watteau par la mise en scène des personnages de la commedia dell'arte, le poète ne se limite cependant pas à la transposition poétique du genre pictural. Reprenant au pluriel le motif de la fête galante, il en annonce ainsi un renouveau à travers vingt-deux poèmes déclinés autour de l'incertitude du sentiment amoureux, jusqu'à l'échec du « Colloque sentimental » qui clôt le recueil sur une note d'oubli et de désespoir. Par ailleurs, profondément marqué par l'innovation métrique et l'expression musicale atténuée (« En sourdine »), en mode mineur (« Clair de lune »), le recueil annonce déjà les *Romances sans paroles*.

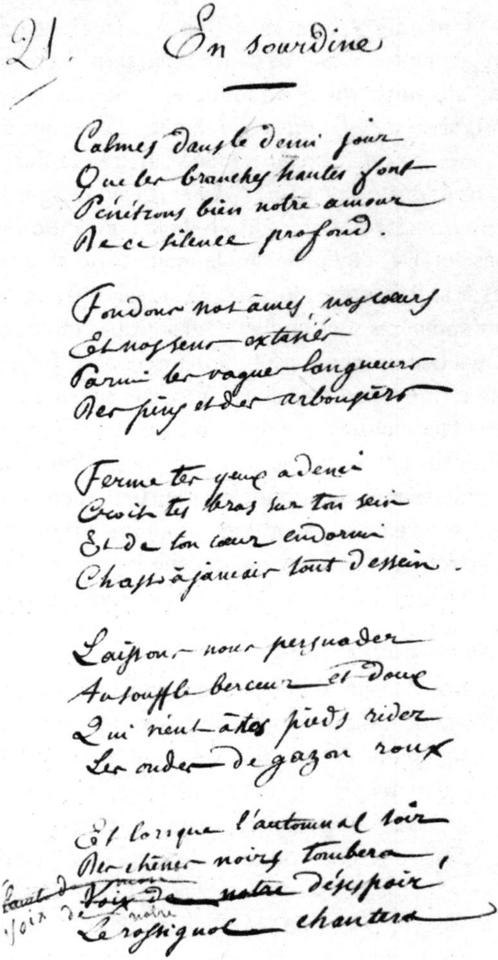
21. En sourdine

Calmes dans le demi-jour
Que les branches hautes font
Pénétrons bien notre amour
De ce silence profond.

Fondons nos âmes, nos cœurs
Et nos sens extasiés
Parmi les vagues langueurs
Des pins et des arbousiers.

Ferme tes yeux à demi
Croise tes bras sur ton sein
Et de ton cœur endormi
Chasse à jamais tout dessein.

Laissons-nous persuader
Au souffle berceur et doux
Qui vient à tes pieds rider
Les ondes de gazon roux

Et lorsque l'automnal soir
Des chênes noirs tombera,
Voix de notre désespoir
Le rossignol chantera

Manuscrit autographe du poème « En sourdine »
(Fêtes galantes).

Pour mieux lire les œuvres

Romances sans paroles, un art poétique

L'année 1873, marquée par la rédaction du recueil *Romances sans paroles*, publié l'année suivante dans l'indifférence presque générale, est une année charnière en matière de poésie : Charles Cros publie *Le Coffret de santal*, tandis que Rimbaud envisage la publication d'*Une saison en enfer*. Un autre poète, Tristan Corbière, encore méconnu, fait paraître *Les Amours jaunes*. Ces ouvrages sont marqués par une transformation radicale de la conception poétique, dominée par l'oralité, l'influence du langage parlé et la théâtralité conjuguées à la libération du vers. Expression de cette poésie nouvelle, les *Romances sans paroles* n'en sont pas moins un recueil singulier. Qualifié par l'auteur lui-même de « petit bouquin »[1], ce « petit volume »[2], économe et dense à travers ses quatre sections, revendique la filiation musicale dès son titre et sa première partie, « Ariettes oubliées ». Il fait également référence à l'œuvre éponyme de Felix Mendelssohn, désignant de courtes pièces pour piano (1830-1845). Tout en reprenant donc un genre ancien, celui de la chanson avec refrain, Verlaine, qui décline la romance au pluriel, questionne une poétique qui met le verbe au service de la musique.

Le lien entre les deux œuvres

Bien que séparés dans le temps par *La Bonne Chanson* (1870), les deux recueils sont indissociables. Le deuxième vers du poème « À Clymène » *(Fêtes galantes)* annonce en effet le titre *Romances sans paroles* en le reprenant mot pour mot. Par ailleurs, si chacun des ouvrages a son mode d'expression privilégié, pictural pour le premier, musical pour le second, tous deux se font l'écho l'un de l'autre. Les « masques et bergamasques » de « Clair de lune » *(Fêtes galantes)*, les « donneurs de sérénades » de « Mandoline » *(id.)* ou les « mystiques barcarolles » d'« À Clymène » *(id.)* ont à voir, dans le fond et dans

---

1. Lettre à Edmond Lepelletier, 24-28 octobre 1873.
2. Lettre à Edmond Lepelletier, 17 février 1873.

Lettre manuscrite de Paul Verlaine à Arthur Rimbaud.
Les dessins sont de Rimbaud.

la forme (par les sonorités), avec la musique. Réciproquement, la dominante visuelle s'exprime pleinement à travers certains poèmes des *Romances sans paroles*, notamment ceux des sections « Paysages belges » et « Aquarelles ». Enfin, en reprenant des genres surannés, celui de la fête galante, caractéristique du XVIIIe siècle, et celui de la romance, qui remonte au Moyen Âge, Verlaine lie les recueils d'une même nostalgie, creuset même de leur originalité.

Fêtes galantes

Paul Verlaine

Recueil intégral

PAUL VERLAINE

FÊTES
GALANTES

FAC ET SPERA

PARIS
ALPHONSE LEMERRE, ÉDITEUR
PASSAGE CHOISEUL, 47

M.D.CCC.LXIX

Page de frontispice de la première édition des *Fêtes galantes*
(Alphonse Lemerre, Paris, 1869).

Clair de lune[1]

Votre âme est un paysage choisi
Que vont charmant masques et bergamasques[2]
Jouant du luth[3] et dansant et quasi
Tristes sous leurs déguisements fantasques[4].

Tout en chantant sur le mode mineur[5]
L'amour vainqueur et la vie opportune[6],
Ils n'ont pas l'air de croire à leur bonheur
Et leur chanson se mêle au clair de lune,

Au calme clair de lune triste et beau,
Qui fait rêver les oiseaux dans les arbres
Et sangloter d'extase[7] les jets d'eau,
Les grands jets d'eau sveltes parmi les marbres.

1. À l'origine, ce poème devait s'appeler *Fêtes galantes*, en référence à Watteau.
2. **Bergamasque :** danse populaire originaire de Bergame (Italie du Nord), à la mode au XVIIIe siècle.
3. **Luth :** instrument de musique à cordes en vogue en Europe aux XVIe et XVIIe siècles, et désignant l'attribut caractéristique du poète.
4. **Fantasques :** extraordinaires, fantaisistes.
5. **Mode mineur :** terme musical, s'opposant au mode majeur. Le musicien a généralement recours au mode mineur pour évoquer des moments tristes ou mélancoliques, et au mode majeur pour exprimer la joie ou le triomphe.
6. **Opportune :** qui survient à propos.
7. **D'extase :** de plaisir extrême.

Pantomime[1]

Pierrot[2] qui n'a rien d'un Clitandre[3]
Vide un flacon[4] sans plus attendre,
Et, pratique, entame un pâté.

Cassandre[5], au fond de l'avenue,
Verse une larme méconnue
Sur son neveu déshérité.

Ce faquin[6] d'Arlequin[7] combine
L'enlèvement de Colombine[8]
Et pirouette quatre fois.

Colombine rêve, surprise
De sentir un cœur dans la brise
Et d'entendre en son cœur des voix.

1. **Pantomime** : art de s'exprimer seulement par les gestes et les jeux de physionomie.
2. Personnage de la commedia dell'arte, caractérisé par son esprit facétieux et malin.
3. Personnage de la commedia dell'arte, amoureux et rêveur.
4. **Flacon** : bouteille.
5. Personnage de la commedia dell'arte, archétype du vieillard ridicule et inévitablement trompé.
6. **Faquin** : homme méprisable et impertinent.
7. Personnage de la commedia dell'arte, renvoyant au même type de personnage que Pierrot.
8. Figure de la commedia dell'arte, amoureuse de Clitandre.

Sur l'herbe[1]

– L'abbé[2] divague. – Et toi, marquis,
Tu mets de travers ta perruque[3].
– Ce vieux vin de Chypre est exquis
Moins, Camargo[4], que votre nuque.

– Ma flamme… – Do, mi, sol, la si.
– L'abbé, ta noirceur se dévoile.
– Que je meure, mesdames, si
Je ne vous décroche une étoile !

– Je voudrais être petit chien !
– Embrassons nos bergères, l'une
Après l'autre. – Messieurs ! eh bien ?
– Do, mi, sol. – Hé ! bonsoir, la Lune !

1. Le poème peut trouver son inspiration, ainsi que l'évoque son titre, dans le tableau de Manet, *Le Déjeuner sur l'herbe* (1863), ou celui de Watteau, *L'Île enchantée* (1717), représentant tous deux des hommes et des femmes assis sur l'herbe.
2. Personnage récurrent des romans libertins du XVIIIe siècle.
3. Le port de la perruque est signe de distinction sociale jusqu'au XIXe siècle.
4. Nom d'une danseuse en vogue au XVIIIe siècle (Marie-Anne de Cupis de Camargo).

L'Allée

Fardée et peinte[1] comme au temps des bergeries[2],
Frêle[3] parmi les nœuds énormes de rubans,
Elle passe, sous les ramures[4] assombries,
Dans l'allée où verdit la mousse des vieux bancs,
Avec mille façons et mille afféteries[5]
Qu'on garde d'ordinaire aux perruches[6] chéries.
Sa longue robe à queue est bleue, et l'éventail
Qu'elle froisse en ses doigts fluets[7] aux larges bagues
S'égaie en des sujets érotiques[8], si vagues
Qu'elle sourit, tout en rêvant, à maint détail[9].
– Blonde, en somme. Le nez mignon avec la bouche
Incarnadine[10], grasse et divine d'orgueil
Inconscient. – D'ailleurs, plus fine que la mouche[11]
Qui ravive l'éclat un peu niais[12] de l'œil.

1. **Peinte :** la chevelure teinte.
2. Référence au genre littéraire de la pastorale, mettant en scène bergers et bergères dans un cadre champêtre.
3. **Frêle :** mince et délicate.
4. **Ramures :** branchages.
5. **Afféteries :** manières excessives et prétentieuses.
6. **Perruche :** petit oiseau au plumage coloré, qui siffle et chante ; femme superficielle et bavarde.
7. **Fluets :** fins.
8. **Érotiques :** relatifs à l'amour physique, à la sexualité.
9. **À maint détail :** à de nombreux détails.
10. **Incarnadine :** d'un rouge clair et vif.
11. **Mouche :** petite rondelle de tissu de taffetas noir que les femmes, aux XVIIe et XVIIIe siècles, collaient sur leur visage afin de faire ressortir la blancheur de leur peau.
12. **Niais :** naïf et sot.

À la promenade

Le ciel si pâle et les arbres si grêles[1]
Semblent sourire à nos costumes clairs
Qui vont flottant légers, avec des airs
De nonchalance[2] et des mouvements d'ailes.

Et le vent doux ride l'humble bassin,
Et la lueur du soleil qu'atténue
L'ombre des bas tilleuls de l'avenue
Nous parvient bleue et mourante à dessein[3].

Trompeurs exquis et coquettes[4] charmantes,
Cœurs tendres, mais affranchis du serment[5],
Nous devisons délicieusement,
Et les amants lutinent[6] les amantes,

De qui la main imperceptible sait
Parfois donner un soufflet[7], qu'on échange
Contre un baiser sur l'extrême phalange
Du petit doigt, et comme la chose est

Immensément excessive et farouche,
On est puni par un regard très sec,
Lequel contraste, au demeurant, avec
La moue[8] assez clémente de la bouche.

1. **Grêles :** longs et fins.
2. **De nonchalance :** lents.
3. **À dessein :** délibérément.
4. **Coquettes :** femmes qui cherchent à plaire.
5. **Serment :** ici, promesse de fidélité.
6. **Lutiner :** poursuivre une femme de ses caresses, en parlant d'un homme ; ici, jouer à la manière d'un lutin.
7. **Soufflet :** gifle.
8. **Moue :** mouvement des lèvres.

Dans la grotte[1]

Là ! je me tue à vos genoux !
Car ma détresse est infinie,
Et la tigresse épouvantable d'Hyrcanie[2]
Est une agnelle au prix de vous[3].

Oui, céans[4], cruelle Clymène[5],
Ce glaive qui, dans maints combats,
Mit tant de Scipions[6] et de Cyrus[7] à bas,
Va finir ma vie et ma peine !

Ai-je même besoin de lui
Pour descendre aux Champs-Élysées[8] ?
Amour[9] perça-t-il pas[10] de flèches aiguisées
Mon cœur, dès que votre œil m'eut lui[11] ?

1. **Grotte :** ici, construction artificielle à la mode dans les jardins et les parcs, de la Renaissance au XVIIIe siècle.
2. Dans l'Antiquité, région désertique de l'Empire perse, réputée pour ses tigres.
3. **Au prix de vous :** en comparaison avec vous.
4. **Céans :** ici.
5. Nymphe de la mythologie grecque, célèbre pour sa beauté.
6. Consuls de la Rome antique, qui se sont illustrés dans la conquête de Carthage, en 202 avant Jésus-Christ pour Scipion l'Africain, et en 146 avant Jésus-Christ pour Scipion Émilien.
7. Roi de Perse, dont on retient notamment la prise de Babylone au début du VIe siècle avant Jésus-Christ.
8. Dans la mythologie gréco-latine, les Champs-Élysées sont le lieu des Enfers où les héros goûtent le repos éternel.
9. Désigne Cupidon, dieu de l'Amour.
10. **Perça-t-il pas :** ne perça-t-il pas.
11. **Dès que votre œil m'eut lui :** dès que votre œil m'eut vu.

Les Ingénus[1]

Les hauts talons luttaient avec les longues jupes,
En sorte que[2], selon le terrain et le vent,
Parfois luisaient des bas de jambes, trop souvent
Interceptés ! – et nous aimions ce jeu de dupes[3].

Parfois aussi le dard d'un insecte jaloux
Inquiétait le col[4] des belles sous les branches,
Et c'étaient des éclairs soudains de nuques blanches,
Et ce régal comblait nos jeunes yeux de fous.

Le soir tombait, un soir équivoque[5] d'automne :
Les belles, se pendant rêveuses à nos bras,
Dirent alors des mots si spécieux[6], tout bas,
Que notre âme, depuis ce temps, tremble et s'étonne.

1. **Ingénus :** jeunes gens naïfs et inexpérimentés en amour.
2. **En sorte que :** de telle sorte que.
3. **Dupes :** personnes trompées.
4. **Col :** cou.
5. **Équivoque :** difficile à interpréter.
6. **Spécieux :** séduisants en apparence, mais trompeurs en réalité.

Cortège

Un singe en veste de brocart[1]
Trotte et gambade devant elle
Qui froisse un mouchoir de dentelle
Dans sa main gantée avec art,

Tandis qu'un négrillon[2] tout rouge
Maintient à tour de bras[3] les pans
De sa lourde robe en suspens,
Attentif à tout pli qui bouge ;

Le singe ne perd pas des yeux
La gorge blanche de la dame,
Opulent trésor que réclame
Le torse nu de l'un des dieux ;

Le négrillon parfois soulève
Plus haut qu'il ne faut, l'aigrefin[4],
Son fardeau somptueux, afin
De voir ce dont la nuit il rêve ;

Elle va par les escaliers,
Et ne paraît pas davantage
Sensible à l'insolent suffrage[5]
De ses animaux familiers.

---

1. **Brocart :** étoffe brodée de soie, d'or ou d'argent.
2. **Négrillon :** enfant noir de peau ; au XVIIIe siècle, dans la haute société, ce personnage était une des figures de l'exotisme (avec le singe).
3. **À tour de bras :** de toute sa force.
4. **Aigrefin :** filou.
5. **Suffrage :** ici, approbation.

Les Coquillages

Chaque coquillage incrusté
Dans la grotte[1] où nous nous aimâmes
A sa particularité.

L'un a la pourpre[2] de nos âmes
Dérobée au sang de nos cœurs
Quand je brûle et que tu t'enflammes ;

Cet autre affecte tes langueurs[3]
Et tes pâleurs alors que, lasse,
Tu m'en veux de mes yeux moqueurs ;

Celui-ci contrefait[4] la grâce
De ton oreille, et celui-là
Ta nuque rose, courte et grasse ;

Mais un, entre autres, me troubla.

1. **Grotte :** *cf.* note 1, p. 32.
2. **Pourpre :** rouge foncé.
3. **Langueur :** état physique et psychologique conjuguant faiblesse et mélancolie.
4. **Contrefait :** imite en déformant.

En patinant

Nous fûmes dupes, vous et moi,
De manigances mutuelles,
Madame, à cause de l'émoi
Dont l'Été férut[1] nos cervelles.

Le Printemps avait bien un peu
Contribué, si ma mémoire
Est bonne, à brouiller notre jeu,
Mais que[2] d'une façon moins noire !

Car au printemps l'air est si frais
Qu'en somme les roses naissantes
Qu'Amour semble entr'ouvrir exprès
Ont des senteurs presque innocentes ;

Et même les lilas ont beau
Pousser leur haleine poivrée
Dans l'ardeur du soleil nouveau :
Cet excitant au plus récrée[3],

Tant le zéphyr[4] souffle, moqueur,
Dispersant l'aphrodisiaque[5]
Effluve, en sorte que le cœur
Chôme et que même l'esprit vaque,

Et qu'émoustillés[6], les cinq sens
Se mettent alors de la fête,

1. **Férut** : frappa ; « férut » est une forme erronée du verbe férir, qui signifie « frapper ».
2. **Que** : seulement.
3. **Récrée** : divertit.
4. **Zéphyr** : vent doux et agréable.
5. **Aphrodisiaque** : propre à stimuler le désir sexuel.
6. **Émoustillés** : excités.

Mais seuls, tout seuls, bien seuls et sans
Que la crise monte à la tête.

Ce fut le temps, sous de clairs ciels,
(Vous en souvenez-vous, Madame ?)
Des baisers superficiels
Et des sentiments à fleur d'âme.

Exempts de[1] folles passions,
Pleins d'une bienveillance amène[2],
Comme tous deux nous jouissions[3]
Sans enthousiasme – et sans peine !

Heureux instants ! – mais vint l'Été :
Adieu, rafraîchissantes brises[4] !
Un vent de lourde volupté[5]
Investit[6] nos âmes surprises.

Des fleurs aux calices[7] vermeils
Nous lancèrent leurs odeurs mûres,
Et partout les mauvais conseils
Tombèrent sur nous des ramures[8].

Nous cédâmes à tout cela,
Et ce fut un bien ridicule
Vertigo[9] qui nous affola
Tant que dura la canicule[10].

---

1. **Exempts de :** sans.
2. **Amène :** agréable.
3. **Nous jouissions :** nous tirions un vif plaisir de la situation.
4. **Brise :** petit vent frais.
5. **Volupté :** sensualité.
6. **Investit :** s'empare de.
7. **Calices :** ensemble des sépales, éléments qui supportent la corolle des fleurs.
8. **Ramures :** *cf.* note 4, p. 30.
9. **Vertigo :** du latin *vertigo*, qui signifie « vertige ».
10. **Canicule :** période de très grande chaleur correspondant aux jours de l'été où l'étoile Sirius se lève et se couche en même temps que le soleil.

Rires oiseux[1], pleurs sans raisons,
Mains indéfiniment pressées,
Tristesses moites, pâmoisons[2],
Et quel vague dans les pensées !

L'Automne, heureusement, avec
Son jour froid et ses bises rudes,
Vint nous corriger, bref et sec,
De nos mauvaises habitudes,

Et nous induisit brusquement
En[3] l'élégance réclamée
De tout irréprochable amant,
Comme de toute digne aimée...

Or[4] c'est l'Hiver, Madame, et nos
Parieurs tremblent pour leur bourse,
Et déjà les autres traîneaux
Osent nous disputer la course.

Les deux mains dans votre manchon,
Tenez-vous bien sur la banquette
Et filons ! – et bientôt Fanchon[5]
Nous fleurira[6] – quoi qu'on caquette[7] !

1. **Oiseux :** sans intérêt.
2. **Pâmoisons :** évanouissements.
3. **Nous induisit en :** nous conduisit à.
4. **Or :** à présent.
5. Prénom populaire dérivé de « Françoise ».
6. **Nous fleurira :** s'épanouira pour nous.
7. **Quoi qu'on caquette :** quoi qu'on dise.

Fantoches[1]

Scaramouche et Pulcinella[2]
Qu'un mauvais dessein rassembla
Gesticulent, noirs sur la lune.

Cependant l'excellent docteur
Bolonais[3] cueille avec lenteur
Des simples[4] parmi l'herbe brune.

Lors[5] sa fille, piquant[6] minois[7],
Sous la charmille[8], en tapinois[9],
Se glisse demi-nue, en quête

De son beau pirate espagnol[10]
Dont un langoureux rossignol
Clame la détresse à tue-tête.

1. **Fantoches :** marionnettes ; individus sans consistance.
2. Scaramouche et Pulcinella sont deux valets de la commedia dell'arte. Le premier est vantard, fanfaron et peureux. Le second – grossier, rusé et disgracieux – est également connu sous le nom de Polichinelle.
3. Le docteur bolonais (de Bologne, en Italie) est également présent dans la commedia dell'arte, où il incarne le personnage type de l'avare et du pédant.
4. **Simples :** plantes à usage médicinal.
5. **Lors :** alors.
6. **Piquant :** qui provoque de l'intérêt.
7. **Minois :** visage gracieux.
8. **Charmille :** allée de charmes (arbres).
9. **En tapinois :** en cachette.
10. Référence au personnage du Capitan ou du Matamore de la commedia dell'arte, vaniteux et lâche.

Cythère[1]

Un pavillon à claires-voies[2]
Abrite doucement nos joies
Qu'éventent[3] des rosiers amis ;

L'odeur des roses, faible, grâce
Au vent léger d'été qui passe,
Se mêle aux parfums qu'elle a mis ;

Comme ses yeux l'avaient promis
Son courage[4] est grand et sa lèvre
Communique une exquise fièvre ;

Et, l'Amour comblant tout, hormis
La faim, sorbets et confitures
Nous préservent des courbatures.

1. Île grecque de la mer Égée consacrée à Aphrodite, déesse de l'Amour. Le titre de ce poème est une allusion au tableau de Watteau, *Pèlerinage à l'île de Cythère* (1717), et fait écho au poème de Baudelaire, « Un voyage à Cythère » (*Les Fleurs du mal*, 1857).
2. **À claires-voies :** dont les ouvertures ne sont fermées que partiellement.
3. **Qu'éventent :** que rafraîchissent (en agitant l'air autour d'eux).
4. **Courage :** ici, ardeur.

En bateau

L'étoile du berger[1] tremblote
Dans l'eau plus noire, et le pilote
Cherche un briquet dans sa culotte[2].

C'est l'instant, Messieurs, ou jamais,
D'être audacieux, et je mets
Mes deux mains partout désormais !

Le chevalier Atys[3], qui gratte
Sa guitare, à Chloris[4] l'ingrate
Lance une œillade scélérate[5].

L'abbé[6] confesse bas Églé[7],
Et ce vicomte déréglé
Des champs donne à son cœur la clé[8].

Cependant la lune se lève
Et l'esquif[9] en sa course brève
File gaîment[10] sur l'eau qui rêve.

1. Il s'agit de la planète Vénus, visible dès le coucher du soleil.
2. **Culotte :** ici, vêtement qui habille le corps, de la taille aux genoux.
3. Dieu phrygien de la Fertilité.
4. Déesse des Fleurs, qui éconduit systématiquement ses prétendants.
5. **Scélérate :** perfide.
6. *Cf.* note 2, p. 29.
7. Dans la mythologie, Églé (ou Aglaé) est l'une des trois Grâces, divinités incarnant la beauté et la plénitude.
8. **Des champs donne à son cœur la clé :** donne à son cœur la clé des champs.
9. **Esquif :** embarcation légère.
10. **Gaîment :** gaiement.

Le Faune[1]

Un vieux faune de terre cuite
Rit au centre des boulingrins[2],
Présageant sans doute une suite
Mauvaise à ces instants sereins

Qui m'ont conduit et t'ont conduite,
Mélancoliques pèlerins[3],
Jusqu'à cette heure dont la fuite
Tournoie au son des tambourins.

1. Dans la mythologie latine, le faune est une divinité champêtre incarnant la fertilité de la nature ; il est représenté avec un corps velu, de longues oreilles pointues, des cornes et des pieds de chèvre.
2. **Boulingrins :** parterres de gazon limités par un talus ou une bordure.
3. **Pèlerins :** ici, voyageurs.

Mandoline[1]

Les donneurs de sérénades[2]
Et les belles écouteuses
Échangent des propos fades
Sous les ramures chanteuses.

C'est Tircis et c'est Aminte[3],
Et c'est l'éternel Clitandre,
Et c'est Damis[4] qui pour mainte
Cruelle fait maint vers tendre.

Leurs courtes vestes de soie,
Leurs longues robes à queues,
Leur élégance, leur joie
Et leurs molles ombres bleues

Tourbillonnent dans l'extase
D'une lune rose et grise,
Et la mandoline jase[5]
Parmi les frissons de brise.

1. **Mandoline** : petit luth à manche court, originaire d'Italie.
2. **Sérénades** : concerts donnés la nuit tombée sous les fenêtres des femmes dont on espère les faveurs.
3. Tircis et Aminte sont les stéréotypes, dans la pastorale au XVIIe siècle, du berger amoureux.
4. Damis, avec Clitandre, est la figure même du soupirant.
5. **Jase** : bavarde sans fin.

À Clymène[1]

Mystiques barcarolles[2],
Romances sans paroles,
Chère, puisque tes yeux,
Couleur des cieux,

Puisque ta voix, étrange
Vision qui dérange
Et trouble l'horizon
De ma raison,

Puisque l'arôme insigne[3]
De ta pâleur de cygne,
Et puisque la candeur[4]
De ton odeur,

Ah ! puisque tout ton être,
Musique qui pénètre,
Nimbes[5] d'anges défunts,
Tons et parfums,

A, sur d'almes[6] cadences,
En ses correspondances[7]
Induit[8] mon cœur subtil[9],
Ainsi soit-il[10] !

1. Nymphe de la mythologie grecque, d'une grande beauté, Clymène incarne également la femme aimée, dans la littérature du XVIe au XIXe siècle.
2. **Barcarolles** : chansons des gondoliers vénitiens.
3. **Insigne** : remarquable.
4. **Candeur** : ici, d'une blancheur exceptionnelle.
5. **Nimbes** : auréoles.
6. **Almes** : bienfaisantes.
7. Référence au poème « Correspondances » de Baudelaire (*Les Fleurs du mal*, 1857).
8. **Induit** : conduit à.
9. **Subtil** : raffiné.
10. Formule qui termine les prières dans la religion chrétienne.

Lettre

Éloigné de vos yeux, Madame, par des soins[1]
Impérieux (j'en prends tous les dieux à témoins),
Je languis et je meurs, comme c'est ma coutume
En pareil cas, et vais, le cœur plein d'amertume,
À travers des soucis où votre ombre me suit,
Le jour dans mes pensers[2], dans mes rêves la nuit,
Et la nuit et le jour adorable, Madame !
Si bien qu'enfin, mon corps faisant place à mon âme,
Je deviendrai fantôme à mon tour aussi, moi,
Et qu'alors, et parmi le lamentable émoi
Des enlacements vains et des désirs sans nombre,
Mon ombre se fondra pour jamais en votre ombre.

En attendant, je suis, très chère, ton valet[3].

Tout se comporte-t-il là-bas comme il te plaît,
Ta perruche, ton chat, ton chien ? La compagnie
Est-elle toujours belle, et cette Silvanie
Dont j'eusse aimé l'œil noir si le tien n'était bleu,
Et qui parfois me fit des signes, palsambleu[4] !
Te sert-elle toujours de douce confidente ?

Or, Madame, un projet impatient me hante
De conquérir le monde et tous ses trésors pour
Mettre à vos pieds ce gage – indigne – d'un amour
Égal à toutes les flammes[5] les plus célèbres
Qui des grands cœurs aient fait resplendir les ténèbres.
Cléopâtre[6] fut moins aimée, oui, sur ma foi !

---

1. **Soins :** préoccupations.
2. **Pensers :** pensées.
3. **Je suis ton valet :** ici, je suis ton serviteur.
4. Juron populaire, issu de la contraction de l'expression « Par le sang de Dieu ».
5. **Flammes :** amours passionnées.
6. Célèbre reine d'Égypte, maîtresse de César puis de Marc Antoine (Ier siècle av. J.-C.).

Par Marc-Antoine[1] et par César[2] que vous par moi,
N'en doutez pas, Madame, et je saurai combattre
Comme César pour un sourire, ô Cléopâtre,
Et comme Antoine[3] fuir au seul prix d'un baiser.

Sur ce, très chère, adieu. Car voilà trop causer,
Et le temps que l'on perd à lire une missive[4]
N'aura jamais valu la peine qu'on l'écrive.

1. Général romain (83-30 av. J.-C.) et amant de Cléopâtre.
2. Célèbre dictateur romain (101 ou 100-44 av. J.-C.), qui a mis fin à la République romaine et ouvert à ses successeurs la voie vers l'Empire.
3. Il s'agit de Marc Antoine.
4. **Missive** : lettre.

Les Indolents[1]

– « Bah ! malgré les destins jaloux,
Mourons ensemble, voulez-vous ?
– La proposition est rare[2].

– Le rare est le bon. Donc mourons
Comme dans les Décamérons[3].
– Hi ! hi ! hi ! quel amant bizarre !

– Bizarre, je ne sais. Amant
Irréprochable, assurément.
Si vous voulez, mourons ensemble ?

– Monsieur, vous raillez[4] mieux encor[5]
Que vous n'aimez, et parlez d'or[6] ;
Mais taisons-nous, si bon vous semble ? »

Si bien que ce soir-là Tircis[7]
Et Dorimène[8], à deux assis
Non loin de deux silvains[9] hilares,

Eurent l'inexpiable tort
D'ajourner une exquise mort.
Hi ! hi ! hi ! les amants bizarres !

1. **Indolents :** atteints de paresse physique et morale.
2. **Rare :** déconcertante.
3. Référence à l'œuvre de l'Italien Boccace (1313-1375), *Décaméron* (qui signifie, en grec, « dix jours »), dans laquelle les personnages conçoivent un récit qui s'étend sur cette période précise.
4. **Vous raillez :** vous tournez en ridicule.
5. **Encor :** encore ; licence poétique.
6. **Et parlez d'or :** et parlez à propos.
7. *Cf.* note 3, p. 43.
8. Marquise à laquelle Monsieur Jourdain fait sa cour, dans *Le Bourgeois gentilhomme* (1670) de Molière.
9. Dieux de la Fertilité.

Colombine[1]

Léandre[2] le sot,
Pierrot[3] qui d'un saut
De puce
Franchit le buisson,
Cassandre[4] sous son
Capuce[5],

Arlequin aussi,
Cet aigrefin[6] si
Fantasque[7]
Aux costumes fous,
Ses yeux luisants sous
Son masque,

– Do, mi, sol, mi, fa, –
Tout ce monde va,
Rit, chante
Et danse devant
Une belle enfant
Méchante[8]

Dont les yeux pervers
Comme les yeux verts
Des chattes
Gardent ses appas[9]

---

1. *Cf.* note 8, p. 28.
2. **Léandre :** personnage de la commedia dell'arte, caractérisé par sa vanité et sa sottise.
3. *Cf.* note 2, p. 28.
4. *Cf.* note 5, p. 28.
5. **Capuce :** capuchon pointu qui recouvre la robe des moines.
6. **Aigrefin :** filou, escroc.
7. **Fantasque :** capricieux.
8. La « belle enfant méchante » désigne Colombine.
9. **Appas :** charmes physiques.

Et disent : « À bas
Les pattes ! »

– Eux ils vont toujours ! –
Fatidique cours
Des astres,
Oh ! dis-moi vers quels
Mornes[1] ou cruels
Désastres

L'implacable[2] enfant,
Preste[3] et relevant
Ses jupes,
La rose au chapeau,
Conduit son troupeau
De dupes ?

1. **Mornes :** tristes.
2. **Implacable :** impitoyable.
3. **Preste :** agile et vive.

L'Amour par terre

Le vent de l'autre nuit a jeté bas[1] l'Amour
Qui, dans le coin le plus mystérieux du parc,
Souriait en bandant[2] malignement[3] son arc,
Et dont l'aspect nous fit tant songer tout un jour !

Le vent de l'autre nuit l'a jeté bas ! Le marbre
Au souffle du matin tournoie, épars. C'est triste
De voir le piédestal[4], où le nom de l'artiste
Se lit péniblement parmi l'ombre d'un arbre,

Oh ! c'est triste de voir debout le piédestal
Tout seul ! Et des pensers[5] mélancoliques[6] vont
Et viennent dans mon rêve où le chagrin profond
Évoque un avenir solitaire et fatal[7].

Oh ! c'est triste ! – Et toi-même, est-ce pas[8] ? es touchée
D'un si dolent[9] tableau, bien que ton œil frivole
S'amuse au papillon[10] de pourpre et d'or qui vole
Au-dessus des débris dont l'allée est jonchée.

---

1. **Bas :** à terre.
2. **En bandant :** en tendant.
3. **Malignement :** dans une intention malveillante.
4. **Piédestal :** socle de la statue.
5. **Pensers :** *cf.* note 2, p. 45.
6. **Mélancoliques :** extrêmement tristes.
7. **Fatal :** qui entraîne la mort.
8. **Est-ce pas :** n'est-ce pas.
9. **Dolent :** triste.
10. **S'amuse au papillon :** s'amuse du papillon.

En sourdine[1]

Calmes dans le demi-jour
Que les branches hautes font,
Pénétrons bien notre amour[2]
De ce silence profond.

Fondons nos âmes, nos cœurs
Et nos sens extasiés,
Parmi les vagues langueurs[3]
Des pins et des arbousiers[4].

Ferme tes yeux à demi,
Croise tes bras sur ton sein[5],
Et de ton cœur endormi
Chasse à jamais tout dessein[6].

Laissons-nous persuader
Au souffle[7] berceur et doux,
Qui vient à tes pieds rider
Les ondes de gazon roux.

Et quand, solennel[8], le soir
Des chênes noirs tombera,
Voix de notre désespoir,
Le rossignol chantera.

---

1. **En sourdine :** en modérant l'intensité du son ; sans bruit, sans éclat.
2. **Pénétrons bien notre amour :** imprégnons-nous bien de notre amour.
3. **Langueur :** mélancolie rêveuse.
4. **Arbousier :** petit arbre à feuilles persistantes.
5. **Sein :** poitrine.
6. **Dessein :** projet.
7. **Au souffle :** par le souffle.
8. **Solennel :** grave et digne.

Colloque[1] sentimental

Dans le vieux parc solitaire et glacé,
Deux formes ont tout à l'heure passé[2].

Leurs yeux sont morts et leurs lèvres sont molles,
Et l'on entend à peine leurs paroles.

Dans le vieux parc solitaire et glacé,
Deux spectres ont évoqué le passé.

– Te souvient-il[3] de notre extase[4] ancienne ?
– Pourquoi voulez-vous donc qu'il m'en souvienne[5] ?

– Ton cœur bat-il toujours à mon seul nom ?
Toujours vois-tu mon âme en rêve ? – Non.

– Ah ! les beaux jours de bonheur indicible[6]
Où nous joignions nos bouches ! – C'est possible.

– Qu'il était bleu, le ciel, et grand, l'espoir !
– L'espoir a fui, vaincu, vers le ciel noir[7].

Tels ils marchaient dans les avoines folles[8],
Et la nuit seule entendit leurs paroles.

---

1. **Colloque** : entretien.
2. **Ont tout à l'heure passé** : sont tout à l'heure passées.
3. **Te souvient-il** : te souviens-tu.
4. **Extase** : émerveillement.
5. **Qu'il m'en souvienne** : que je m'en souvienne.
6. **Indicible** : qu'on ne peut pas décrire.
7. Référence au poème de Baudelaire, « Spleen » (*Les Fleurs du mal*, partie Spleen et Idéal, LXXVIII, 1857).
8. **Folles** : sauvages.

Romances sans paroles

Paul Verlaine

Recueil intégral

L'ŒUVRE L'ŒUVRE

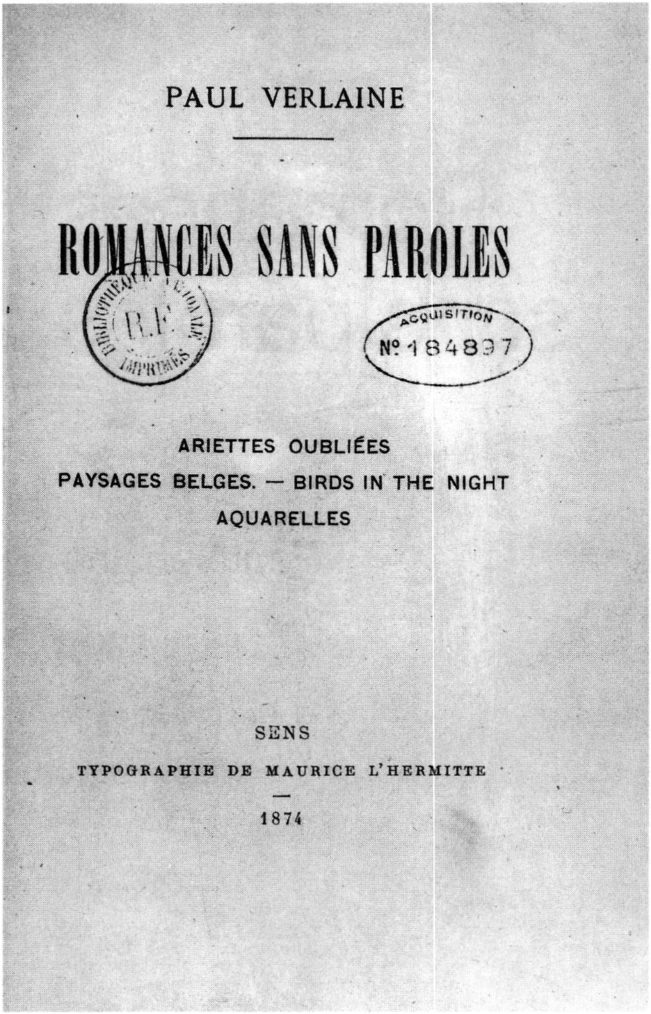

PAUL VERLAINE

ROMANCES SANS PAROLES

ARIETTES OUBLIÉES

PAYSAGES BELGES. — BIRDS IN THE NIGHT

AQUARELLES

SENS

TYPOGRAPHIE DE MAURICE L'HERMITTE

1874

Page de titre de la première édition des *Romances sans paroles* (Lepelletier, Paris, 1874).

Ariettes[1] oubliées

I

Le vent dans la plaine
Suspend son haleine.
(Favart[2])

C'est l'extase langoureuse[3],
C'est la fatigue amoureuse,
C'est tous[4] les frissons des bois
Parmi l'étreinte des brises,
C'est, vers les ramures grises,
Le chœur des petites voix.

Ô le frêle et frais murmure !
Cela gazouille et susurre,
Cela ressemble au cri doux
Que l'herbe agitée expire…
Tu dirais, sous l'eau qui vire,
Le roulis sourd des cailloux.

Cette âme qui se lamente
En cette plainte dormante
C'est la nôtre, n'est-ce pas ?
La mienne, dis, et la tienne,
Dont s'exhale[5] l'humble antienne[6]
Par ce tiède soir, tout bas ?

1. **Ariettes :** courtes mélodies de caractère gracieux.
2. Auteur dramatique du XVIIIe siècle.
3. **Langoureuse :** dans l'état de langueur suscité par la passion amoureuse.
4. **C'est tous :** ce sont tous.
5. **S'exhale :** se manifeste.
6. **Antienne :** refrain chanté avant et après un psaume ; refrain répété sans cesse.

II

Je devine, à travers un murmure,
Le contour subtil des voix anciennes
Et dans les lueurs musiciennes,
Amour pâle, une aurore future !

Et mon âme et mon cœur en délires
Ne sont plus qu'une espèce d'œil double
Où tremblote à travers un jour trouble
L'ariette, hélas ! de toutes lyres !

Ô mourir de cette mort seulette
Que s'en vont, cher amour qui t'épeures[1],
Balançant jeunes et vieilles heures !
Ô mourir de cette escarpolette[2] !

III

Il pleut doucement sur la ville.[3]
(Arthur Rimbaud)

Il pleure dans mon cœur
Comme il pleut sur la ville,
Quelle est cette langueur[4]
Qui pénètre mon cœur ?

Ô bruit doux de la pluie
Par terre et sur les toits !
Pour un cœur qui s'ennuie
Ô le chant de la pluie !

---

1. **Qui t'épeures :** qui te fais peur.
2. **Escarpolette :** balançoire.
3. Vers d'un poème perdu de Rimbaud.
4. **Langueur :** mélancolie douce et rêveuse.

Il pleure sans raison
Dans ce cœur qui s'écœure[1].
Quoi ! nulle trahison ?
Ce deuil est sans raison.

C'est bien la pire peine
De ne savoir pourquoi,
Sans amour et sans haine,
Mon cœur a tant de peine !

IV

Il faut, voyez-vous, nous pardonner les choses.
De cette façon nous serons bien heureuses,
Et si notre vie a des instants moroses[2],
Du moins nous serons, n'est-ce pas ? deux pleureuses[3].

Ô que nous mêlions, âmes sœurs que nous sommes,
À nos vœux confus la douceur puérile[4]
De cheminer loin des femmes et des hommes,
Dans le frais oubli de ce qui nous exile[5] !

Soyons deux enfants, soyons deux jeunes filles
Éprises de rien et de tout étonnées,
Qui s'en vont pâlir sous les chastes[6] charmilles[7]
Sans même savoir qu'elles sont pardonnées.

1. **Qui s'écœure** : qui n'a plus goût à rien.
2. **Moroses** : tristes.
3. **Pleureuses** : dans l'Antiquité, femmes rétribuées spécialement pour pleurer les morts.
4. **Puérile** : enfantine.
5. **De ce qui nous exile** : de ce que l'on quitte pour vivre à l'écart.
6. **Chastes** : pudiques, sans connotation charnelle ; cet adjectif renvoie ici aux jeunes filles.
7. **Charmille** : *cf.* note 8, p. 39.

V

Son joyeux, importun, d'un
clavecin sonore.
(Pétrus Borel[1])

Le piano que baise[2] une main frêle
Luit dans le soir rose et gris vaguement,
Tandis qu'avec un très léger bruit d'aile
Un air bien vieux, bien faible et bien charmant[3]
Rôde discret, épeuré[4] quasiment,
Par le boudoir[5] longtemps parfumé d'Elle.

Qu'est-ce que c'est que ce berceau soudain
Qui lentement dorlote mon pauvre être ?
Que voudrais-tu de moi, doux chant badin[6] ?
Qu'as-tu voulu, fin refrain incertain
Qui vas tantôt mourir vers la fenêtre
Ouverte un peu sur le petit jardin ?

1. Cette épigraphe est issue des *Rhapsodies* (1832) du poète Pétrus Borel (1809-1859).
2. **Baise :** effleure.
3. Référence au poème de Gérard de Nerval (1808-1855), « Fantaisie » (*Odelettes,* 1853).
4. **Épeuré :** apeuré.
5. **Boudoir :** petit salon dans lequel la maîtresse de maison reçoit ses intimes.
6. **Badin :** d'une gaieté légère.

VI

C'est le chien de Jean de Nivelle[1]
Qui mord sous l'œil même du guet[2]
Le chat de la mère Michel[3] ;
François-les-bas-bleus[4] s'en égaie.

La lune à l'écrivain public[5]
Dispense sa lumière obscure
Où Médor avec Angélique[6]
Verdissent sur le pauvre mur.

Et voici venir La Ramée[7]
Sacrant[8] en bon soldat du Roi.
Sous son habit blanc mal famé[9],
Son cœur ne se tient pas de joie,

1. Le « chien de Jean de Nivelle », locution courante dans les chansons populaires, désigne Jean de Montmorency, seigneur de Nivelle, nommé à l'origine « ce chien de Jean de Nivelle » pour avoir refusé de porter secours au roi Louis XV.
2. **Du guet** : de la garde.
3. Célèbre comptine, chantée en France dès 1820.
4. Héros de la chanson populaire du même nom, en vogue au XIXe siècle et notamment pendant la Commune (1871) ; c'est aussi le héros du conte éponyme de Charles Nodier (1832).
5. Référence à « Au clair de la lune », chanson populaire par excellence.
6. Les sarrasins Angélique et Médor sont les héros de *Roland furieux* (1516-1532), poème épique de l'Arioste (1474-1533) ; cette œuvre inspira par la suite l'opéra-bouffe *Angélique et Médor* (1843), de Thomas Sauvage et Ambroise Thomas.
7. Désigne, ici, un soldat aux mœurs légères.
8. **Sacrant** : jurant.
9. **Mal famé** : qui a mauvaise réputation ; l'expression est ici employée par métonymie : c'est de la réputation de La Ramée qu'il est question.

Car la boulangère[1]... – Elle ? – Oui dam[2] !
Bernant Lustucru[3], son vieil homme,
A tantôt couronné sa flamme...
Enfants, *Dominus vobis-cum*[4] !

Place ! en sa longue robe bleue
Toute en satin qui fait frou-frou[5],
C'est une impure[6], palsambleu[7] !
Dans sa chaise qu'il faut qu'on loue,

Fût-on philosophe ou grigou[8],
Car tant d'or s'y relève en bosse[9],
Que ce luxe insolent bafoue[10]
Tout le papier de monsieur Loss[11] !

Arrière, robin[12] crotté ! place,
Petit courtaud[13], petit abbé[14],
Petit poète jamais las
De la rime non attrapée !

1. Référence à la chanson « La boulangère a des écus », du poète et chansonnier Pierre Gallet (1698-1757), portée par la suite au théâtre.
2. Exclamation.
3. Référence au père Lustucru de la « mère Michel ».
4. ***Dominus vobis-cum*** : « Que le Seigneur soit avec vous » ; formule qui clôt les prières dans la messe dite en latin.
5. **Frou-frou** : bruit de l'étoffe.
6. **Impure** : femme à la moralité répréhensible.
7. **Palsambleu** : *cf.* note 4, p. 45.
8. **Grigou** : vieil avare.
9. Allusion aux écus de la boulangère, qui forment un monticule.
10. **Bafoue** : humilie.
11. Il s'agit de l'orthographe erronée de John Law (1671-1729), financier célèbre pour avoir élaboré le système portant son nom, qui développa l'usage du billet de banque (plutôt que les pièces métalliques) pour favoriser le commerce.
12. **Robin** : homme de loi, dont la fonction appelle à porter la robe.
13. **Courtaud** : court et large.
14. **Abbé** : *cf.* note 2, p. 29.

Voici que la nuit vraie arrive…
Cependant jamais fatigué
D'être inattentif et naïf
François-les-bas bleus s'en égaie.

VII

Ô triste, triste était mon âme[1]
À cause, à cause d'une femme.

Je ne me suis pas consolé
Bien que mon cœur s'en soit allé,

Bien que mon cœur, bien que mon âme
Eussent fui loin de cette femme.

Je ne me suis pas consolé,
Bien que mon cœur s'en soit allé.

Et mon cœur, mon cœur trop sensible
Dit à mon âme : Est-il possible,

Est-il possible, – le fût-il, –
Ce fier exil, ce triste exil ?

Mon âme dit à mon cœur : Sais-je
Moi-même, que nous veut ce piège

D'être présents bien qu'exilés,
Encore que loin en allés[2] ?

1. Référence aux paroles prononcées par le Christ au soir de son arrestation, rapportées dans l'Évangile de Matthieu (26, 38) et celui de Marc (14, 34).
2. **En allés :** en s'en étant allés.

VIII

Dans l'interminable
Ennui[1] de la plaine
La neige incertaine
Luit comme du sable.

Le ciel est de cuivre
Sans lueur aucune.
On croirait voir vivre
Et mourir la lune.

Comme des nuées[2]
Flottent gris les chênes
Des forêts prochaines[3]
Parmi les buées.

Le ciel est de cuivre
Sans lueur aucune.
On croirait voir vivre
Et mourir la lune.

Corneille poussive
Et vous, les loups maigres,
Par ces bises aigres
Quoi[4] donc vous arrive ?

Dans l'interminable
Ennui de la plaine
La neige incertaine
Luit comme du sable.

1. **Ennui** : vide.
2. **Nuées** : nuages épais.
3. **Prochaines** : proches.
4. **Quoi** : qu'est-ce qui.

IX

Le rossignol, qui du haut
d'une branche se regarde
dedans, croit être tombé dans
la rivière. Il est au sommet
d'un chêne et toutefois il a
peur de se noyer.[1]
(Cyrano de Bergerac)

L'ombre des arbres dans la rivière embrumée
Meurt comme de la fumée,
Tandis qu'en l'air, parmi les ramures[2] réelles,
Se plaignent les tourterelles.

Combien, ô voyageur, ce paysage blême
Te mira blême toi-même[3],
Et que[4] tristes pleuraient dans les hautes feuillées
Tes espérances noyées !

Mai, juin 1872.[5]

1. Épigraphe de Cyrano de Bergerac, écrivain français (1619-1655), issue de *Lettres diverses*, VII (1654).
2. **Ramures :** *cf.* note 4, p. 30.
3. **Te mira blême toi-même :** te renvoya une image blême de toi.
4. **Que :** à quel point.
5. Période de composition d'« Ariettes oubliées ».

Paysages belges[1]

« Conquestes du Roy »[2]
(Vieilles estampes[3])

Walcourt[4]

Briques et tuiles,
Ô les charmants
Petits asiles[5]
Pour les amants !

Houblons[6] et vignes,
Feuilles et fleurs,
Tentes insignes[7]
Des francs[8] buveurs !

Guinguettes[9] claires,
Bières, clameurs[10],
Servantes chères
À tous fumeurs !

1. « Paysages belges » est une partie composée durant l'été 1872, en compagnie d'Arthur Rimbaud.
2. *Conquestes du Roy* (« Conquêtes du Roi ») est le titre de l'une des estampes mentionnées ci-dessous.
3. **Estampe :** image imprimée le plus souvent sur papier, après avoir été dessinée ou gravée sur un support.
4. Petite ville de Belgique.
5. **Asiles :** refuges.
6. **Houblon :** plante grimpante cultivée pour aromatiser et conserver la bière.
7. **Insignes :** *cf.* note 3, p. 44.
8. **Francs :** véritables.
9. **Guinguette :** établissement populaire, souvent en plein air, où l'on boit, l'on mange et l'on danse.
10. **Clameurs :** bruits confus.

Gares prochaines[1],
Gais chemins grands…
Quelles aubaines[2],
Bons juifs errants[3] !

Juillet 1872.

1. *Cf.* note 3, p. 62.
2. **Aubaines :** occasions inespérées.
3. Dans la tradition chrétienne, le Juif errant est condamné à errer jusqu'à la fin des temps pour avoir injurié le Christ portant sa croix.

Charleroi[1]

Dans l'herbe noire
Les Kobolds[2] vont.
Le vent profond
Pleure, on veut croire.

Quoi donc se sent[3] ?
L'avoine siffle.
Un buisson gifle
L'œil au passant[4].

Plutôt des bouges[5]
Que des maisons.
Quels horizons
De forges rouges !

On sent donc quoi ?
Des gares tonnent,
Les yeux s'étonnent,
Où Charleroi[6] ?

Parfums sinistres !
Qu'est-ce que c'est ?
Quoi bruissait[7]
Comme des sistres[8] ?

1. Ville industrielle de Belgique.
2. Génies populaires de la mythologie germanique, les kobolds, tantôt gardiens de la maison, tantôt créatures souterraines, sont aussi associés aux métaux que l'on trouve dans les mines.
3. **Quoi donc se sent :** qu'est-ce que cela sent.
4. **L'œil au passant :** l'œil du passant.
5. **Bouges :** logements misérables.
6. **Où Charleroi :** où se trouve Charleroi.
7. **Quoi bruissait :** qu'est-ce qui bruissait, faisait du bruit.
8. **Sistre :** instrument de musique à percussion de l'Égypte ancienne, proche du luth.

Sites brutaux !
Oh ! votre haleine,
Sueur humaine,
Cris des métaux !

Dans l'herbe noire
Les Kobolds vont.
Le vent profond
Pleure, on veut croire.

Bruxelles

Simples fresques[1]

I

La fuite[2] est verdâtre et rose
Des collines[3] et des rampes[4],
Dans un demi-jour de lampes
Qui vient brouiller toute chose.

L'or, sur les humbles abîmes[5],
Tout doucement s'ensanglante,
Des petits arbres sans cimes,
Où quelque oiseau faible chante.

Triste à peine tant s'effacent
Ces apparences d'automne,
Toutes mes langueurs[6] rêvassent,
Que berce l'air monotone.

II

L'allée est sans fin
Sous le ciel, divin
D'être pâle ainsi !
Sais-tu qu'on serait

1. Dans le domaine pictural, la fresque désigne une peinture murale sur mortier frais, faite de couleurs délayées à l'eau.
2. **La fuite** : la perspective.
3. « Des collines et des rampes » est un rejet ; il faut comprendre : « La fuite des collines et des rampes ».
4. **Rampes** : pentes peu inclinées.
5. **Abîmes** : gouffres profonds.
6. **Langueur** : *cf.* note 3, p. 35.

Bien sous le secret[1]
De ces arbres-ci ?

Des messieurs bien mis,
Sans nul doute amis
Des Royer-Collards[2],
Vont vers le château.
J'estimerais beau
D'être ces vieillards.

Le château, tout blanc
Avec, à son flanc[3],
Le soleil couché.
Les champs à l'entour[4]...
Oh ! que[5] notre amour
N'est-il là[6] niché !

Estaminet[7] du Jeune Renard[8],
août 1872.

1. **Sous le secret :** dans un endroit secret.
2. Homme politique français de la première moitié du XIXe siècle.
3. **À son flanc :** sur le côté.
4. **À l'entour :** alentour.
5. **Que :** pourquoi.
6. **N'est-il là :** n'est-il pas là.
7. **Estaminet :** troquet, café.
8. Établissement populaire de Bruxelles.

Bruxelles

Chevaux de bois

Par Saint-Gille,
Viens-nous-en,
Mon agile
Alezan.
(V. Hugo)[1]

Tournez, tournez, bons chevaux de bois,
Tournez cent tours, tournez mille tours,
Tournez souvent et tournez toujours,
Tournez, tournez au son des hautbois.

Le gros soldat, la plus grosse bonne
Sont sur vos dos comme dans leur chambre ;
Car, en ce jour, au bois de la Cambre[2],
Les maîtres sont tous deux en personne.

Tournez, tournez, chevaux de leur cœur,
Tandis qu'autour de tous vos tournois[3]
Clignote l'œil du filou[4] sournois,
Tournez au son du piston[5] vainqueur.

C'est ravissant comme ça vous soûle,
D'aller ainsi dans ce cirque[6] bête !
Bien dans le ventre et mal dans la tête,
Du mal en masse et du bien en foule.

1. Tiré du poème « Le Pas d'armes du roi Jean » (*Odes et ballades*, 1828).
2. Parc public de Bruxelles.
3. **Tournois :** tournoiements.
4. **Filou :** voleur.
5. **Piston :** disque permettant au manège de tourner ; désigne également, par métonymie, un instrument de musique à vent.
6. Lieu circulaire où est établi le manège.

Tournez, tournez, sans qu'il soit besoin
D'user jamais de nuls éperons
Pour commander à vos galops ronds,
Tournez, tournez, sans espoir de foin.

Et dépêchez, chevaux de leur âme,
Déjà, voici que la nuit qui tombe
Va réunir pigeon et colombe[1],
Loin de la foire et loin de madame[2].

Tournez, tournez ! le ciel en velours
D'astres en or se vêt[3] lentement.
Voici partir l'amante et l'amant.
Tournez au son joyeux des tambours.

Champ de foire de
Saint-Gilles[4], août 1872.

1. « Pigeon » et « colombe » désignent les nouveaux amants, à savoir « le gros soldat » et « la plus grosse bonne » (vers 5).
2. Il s'agit de la maîtresse de la bonne.
3. **Se vêt :** s'habille.
4. Ville située près de Bruxelles.

Malines[1]

Vers les prés le vent cherche noise[2]
Aux girouettes, détail fin
Du château de quelque échevin[3],
Rouge de brique et bleu d'ardoise,
Vers les prés clairs, les prés sans fin…

Comme les arbres des féeries
Des frênes, vagues frondaisons[4],
Échelonnent mille horizons
À ce Sahara de prairies,
Trèfle, luzerne[5] et blancs gazons.

Les wagons filent en silence
Parmi ces sites apaisés.
Dormez, les vaches ! Reposez,
Doux taureaux de la plaine immense,
Sous vos cieux à peine irisés[6] !

Le train glisse sans un murmure,
Chaque wagon est un salon
Où l'on cause bas et d'où l'on
Aime à loisir cette nature
Faite à souhait pour Fénelon[7].

Août 1872.

1. Ville de Belgique.
2. **Cherche noise :** cherche querelle.
3. **Échevin :** magistrat municipal chargé d'aider le maire.
4. **Frondaison :** feuillage des arbres.
5. Le trèfle et la luzerne sont des plantes herbacées.
6. **À peine irisés :** presque sans couleurs.
7. Prélat et écrivain français (1651-1715), célèbre notamment pour ses *Aventures de Télémaque* (1699), où se trouve l'expression « un spectacle fait à souhait pour le plaisir des yeux », qu'emprunte ici Verlaine (*cf. Romances sans paroles*, présentation de Laure Helms, Nathan, coll. « Carrés classiques », 2008).

Birds in the night[1]

Vous n'avez pas eu toute patience,
Cela se comprend par malheur, de reste[2].
Vous êtes si jeune ! et l'insouciance,
C'est le lot amer de l'âge céleste[3] !

Vous n'avez pas eu toute la douceur,
Cela par malheur d'ailleurs se comprend ;
Vous êtes si jeune, ô ma froide sœur[4],
Que votre cœur doit être indifférent !

Aussi me voici plein de pardons chastes[5],
Non, certes ! joyeux, mais très calme, en somme,
Bien que je déplore, en ces mois néfastes[6],
D'être, grâce à vous[7], le moins heureux homme.

*

*   *

Et vous voyez bien que j'avais raison,
Quand je vous disais, dans mes moments noirs,
Que vos yeux, foyers[8] de mes vieux espoirs,
Ne couvaient plus rien que la trahison.

---

1. *Birds in the night,* en anglais « oiseaux dans la nuit », est le titre d'une œuvre d'Arthur Sullivan (1842-1900), compositeur anglais.
2. **De reste :** du reste.
3. « L'âge céleste », expression empruntée à Musset dans son poème « Rolla » (1833), désigne l'âge auquel Verlaine rencontre et épouse Mathilde Mauté de Fleurville.
4. **Sœur :** ici, compagne avec laquelle on entretient une connivence étroite.
5. **Chastes :** *cf.* note 6, p. 57.
6. **Néfastes :** malheureux.
7. **Grâce à vous :** à cause de vous.
8. **Foyers :** ici, siège(s).

Vous juriez alors que c'était mensonge
Et votre regard qui mentait lui-même
Flambait comme un feu mourant qu'on prolonge,
Et de votre voix vous disiez : « je t'aime ! »

Hélas ! on se prend toujours au désir
Qu'on a d'être heureux malgré la saison...
Mais ce fut un jour plein d'amer plaisir,
Quand je m'aperçus que j'avais raison !

*
*   *

Aussi bien pourquoi me mettrais-je à geindre ?
Vous ne m'aimiez pas, l'affaire est conclue,
Et, ne voulant pas qu'on ose me plaindre,
Je souffrirai d'une âme résolue.

Oui, je souffrirai car je vous aimais !
Mais je souffrirai comme un bon soldat
Blessé, qui s'en va dormir à jamais,
Plein d'amour pour quelque pays ingrat.

Vous qui fûtes ma Belle, ma Chérie,
Encor[1] que de vous vienne ma souffrance,
N'êtes-vous donc pas toujours ma Patrie,
Aussi jeune, aussi folle que la France[2] ?

*
*   *

1. Cette licence poétique a pour but (en comptant, pour ce mot, deux syllabes et non trois) de respecter la contrainte métrique du vers décasyllabique (long de dix syllabes).
2. Référence au climat politique tourmenté des débuts de la IIIe République (1870-1940).

Or, je ne veux pas, – le puis-je d'abord ?
Plonger dans ceci mes regards mouillés.
Pourtant mon amour que vous croyez mort
A peut-être enfin les yeux dessillés[1].

Mon amour qui n'est que ressouvenance[2],
Quoique sous vos coups il saigne et qu'il pleure
Encore et qu'il doive, à ce que je pense,
Souffrir longtemps jusqu'à ce qu'il en meure,

Peut-être a raison de croire entrevoir
En vous un remords qui n'est pas banal,
Et d'entendre dire, en son désespoir,
À votre mémoire : ah ! fi[3] ! que c'est mal !

*
* *

Je vous vois encor. J'entr'ouvris la porte.
Vous étiez au lit comme fatiguée.
Mais, ô corps léger que l'amour emporte,
Vous bondîtes nue, éplorée[4] et gaie.

Ô quels baisers, quels enlacements fous !
J'en riais moi-même à travers mes pleurs.
Certes, ces instants seront entre tous,
Mes plus tristes, mais aussi mes meilleurs.

Je ne veux revoir de votre sourire
Et de vos bons yeux en cette occurrence
Et de vous, enfin, qu'il faudrait maudire,
Et du piège exquis, rien que l'apparence.

1. **Dessillés :** ouverts.
2. **Ressouvenance :** souvenir qui revient.
3. **Fi :** interjection exprimant la désapprobation.
4. **Éplorée :** en pleurs.

*
* *

Je vous vois encor ! En robe d'été
Blanche et jaune avec des fleurs de rideaux.
Mais vous n'aviez plus l'humide gaîté
Du plus délirant de tous nos tantôts[1].

La petite épouse et la fille aînée
Était reparue avec la toilette
Et c'était déjà notre destinée
Qui me regardait sous votre voilette.

Soyez pardonnée ! Et c'est pour cela
Que je garde, hélas ! avec quelque orgueil,
En mon souvenir qui vous cajola,
L'éclair de côté que coulait votre œil[2].

*
* *

Par instants je suis le pauvre navire
Qui court démâté parmi la tempête[3],
Et ne voyant pas Notre-Dame[4] luire
Pour l'engouffrement[5] en priant s'apprête.

Par instants je meurs la mort du pécheur[6]
Qui se sait damné[7] s'il n'est confessé[8],

1. **Nos tantôts :** nos après-midi passés ensemble.
2. **Que coulait votre œil :** qu'observait votre œil à la dérobée.
3. Référence au poème de Rimbaud, « Le Bateau ivre » (*Poésies*, 1871).
4. **Il s'agit d'un phare.**
5. **Pour l'engouffrement :** pour le naufrage.
6. **Je meurs la mort du pécheur :** je meurs de la mort du pécheur (celui qui a fauté).
7. **Damné :** condamné pour l'éternité.
8. **Confessé :** s'il n'a avoué ses fautes.

Et, perdant l'espoir de nul confesseur[1],
Se tord dans l'Enfer[2] qu'il a devancé.

Ô mais ! par instants, j'ai l'extase rouge
Du premier chrétien, sous la dent rapace[3],
Qui rit à Jésus témoin, sans que bouge
Un poil de sa chair, un nerf de sa face[4] !

Bruxelles-Londres. –
Septembre-octobre 1872.

1. **Confesseur :** dans la religion catholique, prêtre qui pratique la confession, acte par lequel on demande pardon des péchés (fautes) commis pour en obtenir la rémission.
2. Chez les chrétiens, l'enfer désigne le séjour et le lieu de supplice des damnés après la mort.
3. Les premiers chrétiens, fréquemment martyrisés, étaient donnés en pâture pour alimenter les fauves des jeux du cirque.
4. **Face :** figure.

Aquarelles

Green[1]

Voici des fruits, des fleurs, des feuilles et des branches,
Et puis voici mon cœur, qui ne bat que pour vous.
Ne le déchirez pas avec vos deux mains blanches
Et qu'à vos yeux si beaux l'humble présent soit doux.

J'arrive tout couvert encore de rosée
Que le vent du matin vient glacer à mon front.
Souffrez que ma fatigue, à vos pieds reposée,
Rêve des chers instants qui la délasseront.

Sur votre jeune sein laissez rouler ma tête
Toute sonore encor de vos derniers baisers ;
Laissez-la s'apaiser de la bonne tempête,
Et que je dorme un peu puisque vous reposez.

1. **Green :** « vert », en anglais.

Spleen[1]

Les roses étaient toutes rouges,
Et les lierres étaient tout noirs.

Chère, pour peu que tu te bouges[2],
Renaissent tous mes désespoirs.

Le ciel était trop bleu, trop tendre,
La mer trop verte et l'air trop doux.

Je crains toujours, – ce qu'est d'attendre[3] !
Quelque fuite atroce de vous.

Du houx[4] à la feuille vernie
Et du luisant buis[5] je suis las,

Et de la campagne infinie
Et de tout, fors[6] de vous, hélas !

1. **Spleen :** état de mélancolie profonde. On peut aussi y voir une référence aux poèmes du même nom de Baudelaire (*Les Fleurs du mal*, partie Spleen et Idéal, 1857).
2. **Tu te bouges :** tu bouges.
3. **Ce qu'est d'attendre :** ce que c'est que d'attendre.
4. **Houx :** arbuste à feuilles luisantes et persistantes, dont la longévité en fait un symbole de pérennité.
5. **Buis :** arbrisseau à feuilles persistantes.
6. **Fors :** sauf.

Streets[1]

I

Dansons la gigue[2] !

J'aimais surtout ses jolis yeux,
Plus clairs que l'étoile des cieux,
J'aimais ses yeux malicieux.

Dansons la gigue !

Elle avait des façons vraiment
De désoler un pauvre amant,
Que c'en était vraiment charmant !

Dansons la gigue !

Mais je trouve encore meilleur
Le baiser de sa bouche en fleur,
Depuis qu'elle est morte à mon cœur.

Dansons la gigue !

Je me souviens, je me souviens
Des heures et des entretiens,
Et c'est le meilleur de mes biens.

Dansons la gigue !

Soho.[3]

1. **Streets :** « rues », en anglais.
2. **Gigue :** danse populaire de mesure vive, originaire d'Angleterre.
3. Quartier de Londres dans lequel Verlaine s'installe avec Rimbaud à leur arrivée, en septembre 1872.

II

Ô la rivière dans la rue !
Fantastiquement apparue
Derrière un mur haut de cinq pieds[1],
Elle roule sans un murmure
Son onde opaque[2] et pourtant pure,
Par les faubourgs[3] pacifiés.

La chaussée est très large, en sorte
Que l'eau jaune comme une morte
Dévale ample et sans nuls espoirs
De rien refléter que la brume,
Même alors que[4] l'aurore allume
Les cottages[5] jaunes et noirs.

Paddington.[6]

1. **Pied :** unité de mesure anglo-saxonne, équivalant à une trentaine de centimètres.
2. **Opaque :** qui ne laisse pas traverser la lumière.
3. **Faubourgs :** quartiers situés à la périphérie d'une ville.
4. **Alors que :** lorsque.
5. **Cottages :** petites maisons de campagne, typiques de l'Angleterre.
6. Quartier de Londres, situé non loin de Soho.

Child wife[1]

Vous n'avez rien compris à ma simplicité,
Rien, ô ma pauvre enfant !
Et c'est avec un front éventé[2], dépité,
Que vous fuyez devant[3].

Vos yeux qui ne devaient refléter que douceur,
Pauvre cher bleu miroir,
Ont pris un ton de fiel[4], ô lamentable sœur[5],
Qui nous fait mal à voir.

Et vous gesticulez avec vos petits bras
Comme un héros méchant,
En poussant d'aigres cris poitrinaires[6], hélas !
Vous qui n'étiez que chant !

Car vous avez eu peur de l'orage et du cœur
Qui grondait et sifflait,
Et vous bêlâtes vers votre mère – ô douleur ! –
Comme un triste agnelet[7].

Et vous n'avez pas su la lumière et l'honneur
D'un amour brave et fort,
Joyeux dans le malheur, grave dans le bonheur,
Jeune jusqu'à la mort !

1. **Child wife :** « femme-enfant », en anglais.
2. **Éventé :** exposé au vent.
3. **Devant :** en avant.
4. **Fiel :** aigreur proche de la haine.
5. **Sœur :** *cf.* note 4, p. 73 ; l'expression est à rapprocher de celle employée dans le poème « Birds in the night » : « ô ma froide sœur ».
6. **Poitrinaires :** tuberculeux.
7. **Agnelet :** petit agneau.

A poor young shepherd[1]

J'ai peur d'un baiser
Comme d'une abeille.
Je souffre et je veille
Sans me reposer.
J'ai peur d'un baiser !

Pourtant j'aime Kate
Et ses yeux jolis.
Elle est délicate
Aux longs traits pâlis.
Oh ! que j'aime Kate !

C'est Saint-Valentin[2] !
Je dois et je n'ose
Lui dire au matin…
La terrible chose
Que Saint-Valentin !

Elle m'est promise[3],
Fort heureusement !
Mais quelle entreprise
Que d'être un amant
Près d'une promise !

J'ai peur d'un baiser
Comme d'une abeille.
Je souffre et je veille
Sans me reposer :
J'ai peur d'un baiser !

1. **A poor young shepherd :** « un pauvre jeune berger », en anglais. *Shepherd* désigne aussi le poète, dans le genre de la pastorale.
2. Fête des amoureux, célébrée le 14 février.
3. **Elle m'est promise :** elle m'est destinée.

Beams[1]

Elle voulut aller sur les flots de la mer,
Et comme un vent bénin[2] soufflait une embellie,
Nous nous prêtâmes tous à sa belle folie,
Et nous voilà marchant par le chemin amer.

Le soleil luisait haut dans le ciel calme et lisse,
Et dans ses cheveux blonds c'étaient des rayons d'or,
Si bien que nous suivions son pas plus calme encor
Que le déroulement des vagues, ô délice !

Des oiseaux blancs volaient alentour mollement,
Et des voiles au loin s'inclinaient toutes blanches.
Parfois de grands varechs[3] filaient en longues branches,
Nos pieds glissaient d'un pur et large mouvement.

Elle se retourna, doucement inquiète
De ne nous croire pas pleinement rassurés ;
Mais nous voyant joyeux d'être ses préférés,
Elle reprit sa route et portait haut la tête.

Douvres-Ostende, à bord de
la *Comtesse-de-Flandre,*
4 avril 1873[4].

1. **Beams :** en anglais, « rayons » ou – sens moins fréquent – « bateaux ».
2. **Bénin :** doux.
3. **Varechs :** algues.
4. Date du retour de Verlaine et Rimbaud en France.

POUR APPROFONDIR

Clés d'analyse

Clair de lune (p. 27)

Un paysage intime

1. Analysez le premier vers et dites à qui le poète s'adresse ici.
2. Strophe 1 : quel contraste relevez-vous dans la scène décrite ?
3. Quels sont les attributs des personnages de cette scène ? Peut-on les identifier précisément ?
4. Quelle progression remarquez-vous dans les différentes strophes ?

Influences et nouveauté

5. En quoi ce poème reprend-il le thème de la fête galante ? À quel genre renvoient les « masques et bergamasques » du deuxième vers ?
6. Relevez les lieux communs présents dans ce poème et dites l'effet produit.
7. Recherchez et lisez le poème de Baudelaire « Le Jet d'eau » (*Les Fleurs du mal*, édition de 1861). En quoi peut-on rapprocher sa tonalité du poème de Verlaine ?
8. Procédez de même avec le poème de Théophile Gautier « Clair de lune sentimental » (*Émaux et Camées*, 1852). Quelle lecture comparative faites-vous avec « Clair de lune » ?

Musicalité et poésie

9. Analysez la composition du poème. Que pouvez-vous dire sur la rime et le vers employés ?
10. Quelles remarques faites-vous sur l'emploi des participes présents dans le poème ?
11. Commentez les références à la musique incluses dans le poème.
12. Faites une lecture à haute voix mettant en valeur la musicalité du poème.

✻ À retenir

Ce poème, le premier du recueil, introduit en trois courtes strophes le thème de la fête galante dont il devait initialement porter le titre. À travers le masque et le jeu, c'est la lutte entre l'amour et la nostalgie qui s'écrit, sur ton de nouveauté métrique et musicale, donnant ainsi le *la* des poèmes suivants.

Clés d'analyse

En patinant (pp. 36-38)

Une composition cyclique

1. Quels autres sens le verbe « patiner » peut-il également véhiculer ? Quel autre titre pourriez-vous donner à ce poème ?
2. Montrez que les saisons évoquées ici ordonnent la composition du poème. Quelle métaphore dessinent-elles ?
3. Pour chacune des quatre saisons, décrivez la progression du sentiment amoureux qui s'opère sur les amants.
4. Recherchez une œuvre musicale qui pourrait accompagner ce poème, en respectant ses principaux mouvements.

Visages du sentiment amoureux

5. Quelles célèbres images de la poésie amoureuse sont reprises ici ? Dans quel dessein ?
6. Quels aspects de l'amour sont ici mis en exergue ? Développez.
7. Quelle est la position du poète par rapport au sentiment amoureux ? Quelle mission accomplit-il à travers ce poème ?
8. De quels autres poèmes du recueil pouvez-vous rapprocher celui-ci ? Justifiez votre réponse.

Langage et métrique

9. Quelle remarque faites-vous au sujet du vers employé, des strophes et de la longueur des phrases ?
10. Relevez les tournures archaïques ou peu usitées du poème et précisez-en l'effet produit.
11. Par quels termes le poète s'adresse-t-il ici à sa maîtresse ? Qu'induisent-ils ?
12. Que pouvez-vous dire au sujet des noms propres du poème ?

* À retenir

En privilégiant le vers impair, ce poème nous entraîne à la fête du jeu sensuel et amoureux. C'est là qu'évoluent les amants assujettis au rythme des saisons, métaphore inégalable de la passion.

Clés d'analyse

À Clymène (p. 44)

La muse et l'amante

1. À quoi est successivement assimilée la femme aimée ? Semble-t-elle réelle ?
2. En quoi peut-on dire que l'aimée est ici l'inspiratrice du poète ? De quelle manière ?
3. Recherchez un autre poème de Verlaine qui donne à l'amante une fonction comparable.
4. Après relecture du dernier vers, que vous commenterez, donnez un nouveau titre au poème.

Poésie et fécondité

5. Analysez les vers 1 et 2 du point de vue de la forme et du sens.
6. Recherchez le poème de Baudelaire auquel fait allusion l'avant-dernier vers et expliquez le terme « correspondances ».
7. En quoi ce poème définit-il à lui seul un art poétique ?
8. Recherchez d'autres œuvres littéraires où Clymène apparaît. Commentez.

Sur le rythme

9. Quelles remarques faites-vous sur la syntaxe du poème en regard de sa composition ?
10. Relevez le procédé, récurrent dans le poème, qui contribue à son atmosphère. Qualifiez-la.
11. Que notez-vous au sujet de la métrique employée ?
12. Analysez les expressions du motif musical dans le poème.

✻ *À retenir*

En joignant à la thématique visuelle le motif musical, en jouant du rythme et de la longueur métrique, en suggérant au fil des vers que la fécondité poétique naît de l'impalpable et de l'indicible, Verlaine trace les contours d'une poésie nouvelle, tout en impressions et correspondances.

Clés d'analyse

Colloque sentimental (p. 52)

Du colloque au dialogue

1. Quel est le cadre du poème ? Comparez le premier vers à l'avant-dernier.
2. Rappelez le sens du mot « colloque » et confrontez-le à l'échange qui s'effectue entre les deux spectres.
3. Analysez la composition des répliques du dialogue et dites l'effet produit.
4. Qui est apte à entendre ce mystérieux dialogue ? Qu'est-ce que cela signifie en matière de poésie ?

La mort et l'oubli

5. Relevez les termes relevant de la mort et de l'oubli. À quel paradoxe Verlaine est-il ici confronté ?
6. Quels stéréotypes de la poésie amoureuse sont repris ? Dans quelle mesure paraissent-ils dérisoires ?
7. Quelles remarques vous inspire la composition du poème ?
8. Recherchez le poème « Nevermore » dans le recueil des *Poèmes saturniens*. Quelle lecture comparative faites-vous ?

La fin des *Fêtes galantes*

9. Dites de quelle façon ce poème clôt le recueil. Est-on toujours dans l'atmosphère de la fête galante ?
10. Après avoir relu l'ensemble du recueil, dégagez-en la progression.
11. En quoi ce poème reprend-il les principaux thèmes du recueil ?
12. Faites une lecture à trois voix du poème en respectant sa tonalité.

✱ *À retenir*

« Colloque sentimental » vient sonner le glas de la fête galante, déclinée tout au long des poèmes du recueil. Tout en en reprenant les thèmes, Verlaine fait succéder au jeu des masques la gravité qui sied à l'oubli et au désespoir. Il montre, par cette étrange promenade, un nouveau cheminement poétique.

Clés d'analyse

Il pleure dans mon cœur (pp. 56-57)

Une ariette

1. Comment Verlaine reprend-il et développe-t-il l'épigraphe de Rimbaud ?
2. À quelle partie du recueil appartient le poème ? En quoi la référence rimbaldienne l'illustre-t-elle ?
3. Étudiez la composition du poème du point de vue des strophes et de la métrique.
4. Étudiez les rimes et les anaphores du poème. Comment contribuent-elles à sa tonalité ?

Pluie et pleurs

5. Montrez comment la pluie devient progressivement métaphore de l'état moral du poète.
6. Comment la pluie est-elle suggérée dans le deuxième quatrain ?
7. Relevez et analysez les occurrences du mot « cœur » dans le poème.
8. Quel est le sens, ici, du mot « ennui » ?

Du bruit à la poésie

9. Commentez l'emploi du verbe « pleurer » dans le poème. De quel autre verbe se rapproche-t-il ?
10. Comment l'alternance de phrases interrogatives et exclamatives contribue-t-elle à l'atmosphère du poème ?
11. Quels sont les sentiments qui inspirent le poème ? Sont-ils justifiés ?
12. Expliquez le sens du dernier quatrain : que redoute par-dessus tout le poète ? Pour quelle raison ?

* À retenir

À travers cette ariette, Verlaine revendique de façon très personnelle la musique comme expression d'un sentiment inhérent au poète : la peine. Dans un principe mimétique réciproque, le bruit de la pluie se fait voix du poète et ses pleurs se confondent avec celle-ci jusqu'à devenir le motif principal du poème.

Clés d'analyse

Charleroi (pp. 66-67)

En Belgique

1. Quels éléments permettent d'identifier et de caractériser le paysage ? Commentez.
2. Relevez les éléments lexicaux qui n'appartiennent pas habituellement au registre poétique et dites l'effet produit.
3. Relisez l'ensemble des poèmes de la section à laquelle appartient « Charleroi » et brossez un tableau du paysage belge selon Verlaine.
4. Recherchez et lisez le poème de Rimbaud « Au Cabaret vert ». Sa description de la ville est-elle différente ?

Les kobolds

5. En vous aidant de la note 2 (p. 66), dites dans quelle mesure la présence des kobolds est justifiée ici.
6. Quelle atmosphère contribuent-ils à créer dans le poème ?
7. Relevez les éléments surnaturels de ce poème.
8. À qui les kobolds peuvent-ils être ici assimilés ?

Du paysage au poème

9. Quelles remarques vous inspire la métrique de ce poème ?
10. Montrez comment les phrases interrogatives et exclamatives rythment le poème.
11. Quelles remarques appellent les première et dernière strophes ? Et les vers 5 et 13 ?
12. Comment le poète convoque-t-il ici les différents sens ? Quel est l'effet produit ?

Pour approfondir

* À retenir

Avec « Charleroi », Verlaine se fait poète de la modernité. Cette dernière se manifeste à travers le thème du monde ouvrier et la réalité brute de ses images, tout en proposant, par la présence malicieuse des kobolds, un spectacle total pour les sens.

Clés d'analyse

Birds in the night (pp. 73-77)

Un poème témoin

1. À qui le poète s'adresse-t-il ici ? Dans quelles circonstances écrit-il le poème ? Dans quel but selon vous ?
2. Quels sont les éléments autobiographiques du poème ?
3. À quels événements le poète fait-il référence aux vers 35 et 36 ? Pour quelle raison ?
4. À quel autre recueil de Verlaine le poème renvoie-t-il ici ? Justifiez.

Un poème singulier

5. Du point de vue de la forme, dites en quoi ce poème marque une rupture dans le recueil.
6. Analysez les différentes parties qui le composent et dites à quoi elles correspondent.
7. Que pouvez-vous dire de l'emploi des temps dans le poème ?
8. Quelles remarques faites-vous sur le mètre et le lexique ?

Le poète et l'épouse

9. Analysez le jeu des pronoms dans l'ensemble du poème. Quelle conclusion formulez-vous ?
10. Comment la femme aimée est-elle désignée dans l'ensemble du poème ? Commentez.
11. Montrez comment Verlaine use ici de différents registres et précisez le but de cette méthode.
12. À quoi se compare Verlaine dans la dernière partie du poème ? Qu'est-ce que cela signifie en matière de poésie ?

✻ *À retenir*

Différent de ceux qui composent les autres parties du recueil, ce poème-section développe, au beau milieu de l'aventure rimbaldienne, un véritable réquisitoire contre l'épouse du poète, Mathilde Mauté. Celui-ci renvoie, en négatif, à *La Bonne Chanson* (1870), jadis écrite pour elle.

Clés d'analyse

Green (p. 78)

Du visuel

1. En quoi ce poème, du point de vue de la métrique, fait-il figure d'exception dans le recueil ?
2. Commentez la place de la nature dans le poème.
3. Dites comment ce poème, par son titre et le contenu de ses vers, offre une illustration des « Aquarelles » auxquelles il appartient.
4. Relisez l'ensemble des poèmes qui composent cette partie et dites comment, chacun à leur façon, ils privilégient le visuel.

L'offrande

5. Que symbolisent les offrandes qui sont énoncées aux vers 1 et 2 ?
6. À quelle période de la vie du poète l'écriture de « Green » renvoie-t-elle ?
7. Recherchez, dans la poésie française, d'autres poèmes qui sont des offrandes à la femme aimée.
8. Quels stéréotypes de la poésie amoureuse sont repris ici ?

La place du poète

9. Quelle position le poète adopte-t-il ici ? Que signifie-t-elle ?
10. Commentez l'emploi des modes et des temps dans chacune des strophes.
11. Quel est le souhait du poète, pour lui-même et les deux amants ?
12. Montrez comment Verlaine développe le vers 8 dans le dernier quatrain. Comment comprenez-vous l'expression « la bonne tempête » ?

✻ *À retenir*

En reprenant un thème de la littérature courtoise, celui de l'offrande, Verlaine immortalise celle-ci par l'un des poèmes les plus célèbres de la poésie amoureuse. Il confirme aussi, à travers cette fragile aquarelle, le goût du visuel conjugué à celui des sonorités.

Genre et langage

✣ Paysages poétiques des *Fêtes galantes* et des *Romances sans paroles*

Quel décor pour quelles fêtes ?

Les poèmes des *Fêtes galantes*, en plongeant le lecteur dans un univers défini, en raison du référentiel pictural auquel ils sont associés, imposent une dimension double : la scène des « jeux de dupes », des « masques » ou des « joueurs de luth » et leur marivaudage amoureux, donne en effet à voir, mais elle renvoie également à un espace-temps aboli et imaginaire, qui emprunte à la galanterie propre au XVIIIe siècle. Le parc et son décor (« L'Allée », « À la promenade », « Dans la grotte ») deviennent donc la métaphore originale de cette aire sentimentale.

Aussi le recueil se fait-il l'écho des aléas du cœur, par le cheminement des figures qui y sont présentes. Ces dernières, parfois confondues avec les jets d'eau qui « sanglot[ent] d'extase » (« Clair de lune ») ou avec les statues évocatrices du parc (« Le Faune », « L'Amour par terre »), participent activement à l'atmosphère immersive et irréelle du recueil. Empruntées à la commedia dell'arte ou, comme l'abbé, à la littérature galante du XVIIIe siècle, elles expriment – exemptes de toute réalité, « pantomimes », « fantoches » ou « spectres » – l'incertitude du sentiment amoureux au même titre que les éléments inertes du parc (« Les Coquillages »), et ce de manière schématique et répétée.

Un univers ambigu

L'univers de ces fêtes est donc dominé par l'ambivalence qui s'empare de l'ensemble des éléments du décor et de leurs acteurs : « l'étoile du berger tremblote » (« En bateau »), le soir est « équivoque » (« Les Ingénus ») et fait s'effacer un décor en clair-obscur (« À la promenade »). Quant aux « masques et bergamasques », ils « n'ont pas l'air de croire à leur bonheur » (« Clair de lune »). L'abbé, lui, « divague » (« Sur l'herbe »), Scaramouche et Pulcinella « gesticulent » (« Fantoches »), les propos échangés entre protagonistes sont « fades » (« Mandoline ») et l'amour est l'objet de sarcasmes (« En patinant », « L'Amour par terre »).

Ainsi, les masques portés à ces fêtes font obstacle à la linéarité du sentiment, comme le souligne la structure du recueil : après les trois premiers poèmes dominés par des divertissements galants artificiels, la comédie amoureuse se déploie. Les trois derniers poèmes du recueil, quant à eux, ont raison de la fête : en effet, le désespoir culmine avec le « Colloque sentimental », ultime expression de l'inanité du sentiment amoureux, réduit à l'imagination du spectre qui détrône désormais les pantomimes. Les *Fêtes galantes*, du « paysage choisi » liminaire au « vieux parc solitaire et glacé » final, hésitent donc constamment entre gaieté badine, oubli et nostalgie. C'est dans cette expression interrogative, déclamée en « mode mineur » (« Clair de lune »), que réside la cohérence des poèmes du recueil.

Des romances à voir...

Alors que les *Fêtes galantes* s'épanouissent dans un parc aux contours évanescents, les *Romances sans paroles* se structurent selon une architecture rigoureuse : « Ariettes oubliées », « Paysages belges », « Birds in the night » et « Aquarelles » donnent en effet à voir par leur composition – économe pour les deux premières parties, plus développée pour les deux suivantes. Ce sont donc la structure globale du recueil, puis la composition interne à chacune des sections, qui interrogent du regard la portée de ces romances que Verlaine annonce muettes. Ainsi, les « Paysages belges » expriment visuellement ce parti pris en privilégiant strophes et vers courts (« Walcourt », « Charleroi », « Bruxelles »). Il en est de même pour certains poèmes des « Ariettes oubliées » (VII et VIII) ou des « Aquarelles » (« Spleen », « Streets I »), où les blancs laissés entre deux strophes pèsent autant, sur la « plaine » de la page, que le texte lui-même.

Ensuite, du point de vue du fond, le recueil, à travers des scènes qui rappellent les *Fêtes galantes*, est aussi le confident des incertitudes de l'âme qui converse avec le cœur (« Ariette VII », « Spleen »). Mais, cette fois, le décor est réel et les masques choient au profit d'un « je » sublimé. Ainsi, en présentant ses « Paysages belges » comme de « vieilles estampes » ou de « simples fresques », le poète allie son itinéraire poétique et amoureux à l'imaginaire populaire et à la modernité (« Charleroi »), à travers une « série d'impressions vagues, tristes et gaies, avec un peu de pittoresque naïf »[1]. De la même façon, les « Aquarelles », dont le titre évoque la fragilité du support et la dilution des couleurs, rendent compte, par touches chromatiques notamment, du tâtonnement relatif à l'insécurité de l'âme qui domine le recueil (« Spleen », « Child wife »).

… à entendre et à dire

Cette dimension visuelle est mise en relief par la dominante musicale du recueil, ainsi que le suggère son titre, et le paradoxe qu'il soulève. C'est en effet l'inaudible, de manière omniprésente, qui est mis en valeur et s'entend comme un prolongement de l'atmosphère des *Fêtes galantes* : ainsi, dans les « Ariettes oubliées », la poésie s'exprime par « le chœur des petites voix » (« Ariette I »), le piano se fait entendre d'une « main frêle » (« Ariette V ») et la pluie se mêle aux sanglots du poète (« Ariette III »). Les « Ariettes » retrouvent le chemin nostalgique d'une poésie oubliée, qui s'exprime en un « doux chant badin », et répètent un « refrain incertain » (« Ariette V »), tout en revendiquant des références à la fois poétiques et musicales.

Les *Romances sans paroles* oscillent alors, telle l'escarpolette de l'« Ariette II », entre poésie et chanson. Explicite, comme un hommage au patrimoine populaire dans l'« Ariette VI », la romance se signale tout au long du recueil par les refrains qui en rythment les textes. Ceux-ci, présents sous la forme minimale d'anaphores et de répétitions (« Ariette I », « Bruxelles », « Chevaux de bois ») ou encore de manière développée et délibérée (« Streets I »),

1. Lettre de Paul Verlaine à Émile Blémont, 5 octobre 1872.

Paul Verlaine.
Dessin de Frédéric-Auguste Cazals (1865-1941).

scandent le poème, tout en faisant hésiter et piétiner la langue (« Ariette I »). Celle-ci fluctue tout au long du recueil, parfois proche de l'amuïssement et d'une syntaxe réduite à sa plus simple expression (« Walcourt », « Charleroi »). Aussi, les poèmes des *Romances sans paroles* se lisent, s'entendent et se disent tout à la fois[1] : par exemple, l'espace entre deux strophes s'aborde comme un silence (« Ariette VII », « Spleen »), et les quatrains à la métrique minimaliste des « Paysages belges » ou de l'« Ariette VIII » sont porteurs d'images par des sonorités qui impliquent l'oralité, attestant ainsi un renouveau poétique qui n'est plus soutenu par la seule force verbale, mais aussi par la musicalité des sons qu'elle génère.

✣ Un nouveau langage

« De la musique avant toute chose »[2]

Les *Fêtes galantes*, comme les *Romances sans paroles*, privilégient les formes simples ou populaires. C'est de cette simplicité structurelle – qui s'étend à la strophe, au mètre et à la rime – que découlent le rythme et la musicalité propres à Verlaine. Ce parti pris, à quelques exceptions près (« En patinant », « Birds in the night »), explique les poèmes courts, les strophes brèves faites de distiques, de quatrains, de quintils (cinq vers) ou de sizains. Cette liberté formelle commune aux deux recueils gagne naturellement le vers, qui joue de tous les possibles (« Colombine », « Malines », « Streets II »). Le classique alexandrin se fait rare (« Lettre », « Green », « Beams »). De même, on trouve peu de décasyllabes (« Colloque sentimental », « Birds in the night »), mais un vers volontiers court (« Paysages belges »), impair (« Spleen ») ou alternatif (« Les Indolents »), qui privilégie la spontanéité en favorisant les sonorités.

---

1. Arnaud Bernadet, dans sa présentation des *Romances sans paroles* (GF, n° 1499), explique que le recueil « revendique une solidarité étroite entre le dire, le voir et l'entendre ».
2. Paul Verlaine, « Art poétique », 1884.

Ainsi la rime, dans sa proximité phonique, accède quasiment au statut de refrain et participe, au même titre que les anaphores et les répétitions, à l'atmosphère musicale des *Fêtes galantes* et des *Romances sans paroles*. Verlaine, par le pouvoir des sonorités, sait aussi jouer de la régularité rythmique, modulant la ponctuation pour mieux exprimer l'atmosphère résolument triste observée dans le « Colloque sentimental » ou dans l'« Ariette III ».

« Prends l'éloquence et tords-lui son cou ! »[1]

Cet affranchissement du mètre déconstruit la syntaxe au profit de phrases nominales (« Walcourt »), de rejets ou de contre-rejets (« Sur l'herbe »), et fait ainsi boiter le rythme (« Colombine »), tout en valorisant le pouvoir suggestif des mots (« Charleroi »). Cette liberté se retrouve dans le libre choix du lexique. C'est toute la gamme des registres qui est convoquée et cohabite parfois au sein d'un même poème : les archaïsmes, qui donnent au poème la patine d'un temps et d'un décor oubliés, côtoient les licences poétiques et un lexique à la fois suranné et familier (« En patinant », « Les Indolents »). De la même manière, la modernité s'invite et fait du prosaïsme un nouveau levier poétique (« Walcourt »), favorisant une atmosphère (« Streets I ») et un imaginaire (« Charleroi ») populaires. Ce parti pris trouvera des résonances dans l'œuvre de Verlaine (*Jadis et Naguère*, 1884 ; *Parallèlement*, 1889) et annonce, par le jeu des images et de la syntaxe, la poésie du début du XXe siècle. Chez Apollinaire, par exemple, la fécondité de ce principe est illustrée par la manière abrupte et éclectique dont le poète use pour livrer des images (« Il y a », *Calligrammes*, 1918).

Pour approfondir

1. *Ibidem.*

À Paul Verlaine (1891).
Bois gravé de Félix Vallotton (1865-1925).

Thèmes et prolongements

✣ Influences picturales, musicales et littéraires

Entre légèreté et gravité, l'univers des *Fêtes galantes* et des *Romances sans paroles* puise et renvoie à des influences artistiques variées. C'est de ce principe d'écho qu'émane cette poésie novatrice.

L'atmosphère du XVIIIe siècle

C'est à la filiation artistique du XVIIIe siècle, tout d'abord, que Verlaine doit l'atmosphère de mélancolie et de gaieté fragile qui baigne ses poèmes et en interroge l'écriture. Si le recueil de 1869 se réfère à la peinture de Watteau, comme l'attestent « Clair de lune » (initialement intitulé « Fêtes galantes ») ainsi que des poèmes tels que « Cythère », qui fait allusion au tableau *Pèlerinage à l'île de Cythère* (1717), ou « Sur l'herbe », qui peut renvoyer à la toile *L'Île enchantée* (1717), la veine picturale implique aussi la présence de la commedia dell'arte. Ce genre théâtral italien, reposant sur l'improvisation de comédiens masqués, est particulièrement affectionné par le peintre Watteau (*Comédiens italiens*, 1719-1720) et se montre très présent dans le recueil. Dès lors, les poèmes des *Fêtes galantes* rejouent de manière neuve des scènes stéréotypées, mettant la spontanéité des personnages types – Pierrot, Arlequin, Cassandre, Colombine (« Pantomime »), Scaramouche, Pulcinella ou encore le docteur bolonais (« Fantoches ») – au service du paradoxe établi entre légèreté et inquiétude qui ordonne le recueil. L'atmosphère du XVIIIe siècle, d'ailleurs, n'est pas uniquement limitée à cette référence. Un poème comme « Cortège », avec « le singe en veste de brocart » et « le négrillon tout rouge », se réfère également à l'exotisme en vogue à cette époque.

Cet esprit se reflète aussi dans les *Romances sans paroles*. Ainsi, à l'orée des « Ariettes », la citation de Charles-Simon Favart (1710-1792), auteur dramatique du XVIIIe siècle tombé en désuétude, explique le titre même de ces « ariettes oubliées », dont Verlaine entend retrouver la mélodie. Également, on remarque, dans certains poèmes des *Romances sans paroles*, l'influence des romans libertins de l'époque, que ce soit par la présence de « l'abbé » (« Ariette VI »), déjà présent dans les *Fêtes galantes*, ou par l'épigraphe de « Birds in the night »[1], qui fait planer sur ce long poème et sur Mathilde Mauté, épouse de Verlaine, l'ombre des *Liaisons dangereuses* (Choderlos de Laclos, 1782).

Des héritages anciens...

L'écriture des *Fêtes galantes* et des *Romances sans paroles* vient, en outre, puiser son inspiration dans des origines extrêmement diverses, qui apportent, chacune à leur manière, une tonalité particulière. Ainsi, la mythologie gréco-latine s'invite dans le huis clos des *Fêtes galantes* (« Le Faune », « À Clymène », « L'Amour par terre »). Ses statues inertes montrent, dans leur froideur, la vacuité du sentiment amoureux. De même, les figures de la pastorale de « L'Allée » ou de « Mandoline », occupées à des sujets « fades » ou à des « propos vagues », tout en évoquant un genre littéraire éteint depuis deux siècles, s'offrent en alternative aux personnages du théâtre italien et forment avec eux la troupe originale des marionnettes qui miment l'amour.
Ce peut être aussi, comme dans le cas des « Indolents », la présence de références éclectiques, convoquant tout à la fois, « comme dans les Décamérons », Tircis, de la pastorale, et Dorimène, qui répond au prénom de la marquise courtisée par Monsieur Jourdain dans *Le Bourgeois gentilhomme* (Molière, 1670) – tout cela sous l'œil ironique des « silvains hilares » de la mythologie latine. Cette convergence d'influences, qui fait des personnages des « amants bizarres », contribue ainsi à l'autodérision du sentiment amoureux, constitutive des *Fêtes galantes*. C'est bien à la même voix, cependant, celle du poète, que concourent ces filiations, comme le montre la variété des épigraphes des « Ariettes », qui, tout en se réclamant de Savinien de

1. On trouve, dans certaines éditions, l'épigraphe « Elle est si jeune », tirée du roman de Choderlos de Laclos.

Gilles (vers 1718-1719).
Tableau d'Antoine Watteau (1684-1721).

Cyrano de Bergerac (1619-1655), de Favart, de Pétrus Borel (1809-1859) ou d'Arthur Rimbaud (1854-1891), font de la poétique de Verlaine une musique qui transcende époques et genres.

… aux influences contemporaines

Tout en puisant à loisir dans ce patrimoine, l'écriture poétique des recueils se fait aussi, à plusieurs titres, le reflet de l'époque de Verlaine. D'un point de vue littéraire tout d'abord, ils sont l'écho de la poésie contemporaine et de la recherche dont elle est l'objet. Il est ainsi permis de lire « Clair de lune » comme une réponse simultanée à l'« Harmonie du soir » et au « Jet d'eau » de Baudelaire (*Les Fleurs du mal*, édition de 1861) ou au « Clair de lune sentimental » de Théophile Gautier (*Émaux et Camées*, 1852). Dans le même principe, l'« Ariette V » reprend la « Fantaisie »[1] de Nerval (*Odelettes*, 1834) ; les deux poèmes, sur lesquels « rode » un « air bien vieux », laissent ainsi entendre une nostalgie de l'insaisissable. Dans le registre pictural également, il est possible de voir, dans le poème « Sur l'herbe », une correspondance contemporaine avec le tableau de Manet, *Déjeuner sur l'herbe*, qui a fait scandale pour son indécence au Salon des refusés, en 1863. Enfin, le poète emprunte aussi au répertoire populaire contemporain dont il joue : l'« Ariette VI », compilation des chansons de l'époque, elles-mêmes d'inspiration souvent plus ancienne, donne à la section une note de légèreté familière.

1. Paul Verlaine reprend, de son aîné, le vers : « Un air très vieux languissant et funèbre ».

L'expression de l'intime

Fortes de ces influences, les *Fêtes galantes* et les *Romances sans paroles* sont avant tout guidées par la voix singulière de Verlaine. Celle-ci résonne autant dans les éléments biographiques qui jalonnent les recueils, que dans l'expression de son itinéraire poétique.

« Le roman de vivre à deux hommes »[1]

Certains poèmes des recueils, et particulièrement ceux des *Romances sans paroles*, se lisent comme les fragments épars de la quête poétique et sentimentale de Verlaine. Selon le principe d'hésitation qui lui est cher, sa poésie témoigne de la bataille interne du poète, indécis entre Mathilde Mauté, épousée l'année qui suit la publication des *Fêtes galantes* (« Green », « Birds in the night »[2], « Child wife »), et Arthur Rimbaud, premier admirateur du recueil[3], dont la présence nimbe l'ensemble du livre.

Cette présence tout d'abord révèle l'influence du très jeune poète, dont la poésie s'attache aux images, sur son aîné et réciproquement. Les exemples sont nombreux. On peut citer l'épigraphe de l'« Ariette III » : « Il pleure doucement sur la ville », attribuée à un poème disparu de Rimbaud et qui irradie dans celui de Verlaine. De même, par la référence au « Bateau ivre » (*Poésies*, 1871) à la fin de « Birds in the night », Verlaine reprend l'allégorie rimbaldienne du navire. Par ailleurs, l'inspiration commune des deux hommes est particulièrement palpable à travers les « Paysages belges » ; ainsi, « Charleroi » rappelle « Au Cabaret vert » (1870), écrit un an avant leur rencontre, tandis que le refrain vertigineux de « Bruxelles /

1. Paul Verlaine, « Laeti et errabundi », *Parallèlement*, 1889.
2. Paul Verlaine, dans une lettre à Émile Blémont du 5 octobre 1872, rebaptise cette section « La Mauvaise Chanson », en écho à *La Bonne Chanson* (1870) dédiée à Mathilde.
3. Arthur Rimbaud, dans une lettre à Georges Izambard du 25 août 1870, commente : « J'ai les *Fêtes galantes* de Paul Verlaine [...]. C'est fort bizarre, très drôle ; mais vraiment, c'est adorable. »

Chevaux de bois » est peut-être repris par Rimbaud dans « Mes faims » (*Une saison en enfer*, 1873). Ensuite, et de manière indissociable, les *Romances sans paroles* osent dire, en filigrane, la liaison amoureuse et chaotique des deux poètes dans leur fuite, que ce soit dans les « Ariettes » (III et IV notamment), les « Paysages belges » et leurs étapes propices aux amours (« Walcourt »), ou les « Aquarelles » qui retracent l'exil des amants outre-Manche (« Streets » I et II).

La Gamme d'amour (1717).
Tableau d'Antoine Watteau (1684-1721).

L'émanation d'un nouveau lyrisme

Entre les *Fêtes galantes* (1869) et les *Romances sans paroles* (1874) s'écoulent donc des années charnières pour Verlaine, mêlant étroitement cheminement sentimental et cheminement poétique. Tout en cultivant leur singularité, les recueils, unissant l'« indécis » au « précis »[1], exhalent, de manière faussement naïve pour le premier et de façon presque indicible pour le second, un nouveau lyrisme. Celui-ci naît en effet du sentiment d'angoisse qui étreint les recueils. Les *Fêtes galantes* n'ont de festif que les artifices du décor, et de galant que les relations éphémères ou caduques des amants. Le sentiment amoureux reste tronqué et insaisissable, que ce soit dans les limites du parc des *Fêtes* ou dans les poèmes des *Romances*. Ces derniers – tout en se faisant, avec les gares, les wagons ou les estaminets des « Paysages belges », l'écho d'une époque croquée dans sa quotidienneté – témoignent de cette atmosphère vague, répétitive au point d'être lancinante, sans réponse à la « langueur » d'un « cœur qui s'écœure ». Il émane alors de cette quête une ferveur mystique (« À Clymène », « Ariette VII ») et profondément mélancolique (« Colloque sentimental », « Ariette VII », « Spleen »), qui donne aux stéréotypes de la poésie amoureuse utilisés par Verlaine un nouvel accent.

1. Paul Verlaine, « Art poétique », 1884.

Glossaire

Allitération : répétition d'une même consonne dans une suite de mots voisins.

Anaphore : reprise d'un mot ou d'un groupe de mots en début de vers.

Ariette : courte mélodie de caractère gracieux, accompagnée ou non de paroles.

Assonance : répétition d'une même voyelle dans une suite de mots voisins.

Commedia dell'arte : théâtre d'origine italienne mettant en scène des personnages récurrents comme Arlequin, Colombine ou Polichinelle, et privilégiant le masque et l'improvisation.

Comparaison : figure de style consistant à rapprocher deux éléments qui se ressemblent au moyen d'un outil de comparaison (comme, tel, pareil...).

Contre-rejet : élément placé en fin de vers, étroitement lié au vers suivant.

Correspondances : terme renvoyant à la théorie de Baudelaire selon laquelle la poésie doit faire communiquer des sensations relevant à la fois du visuel, de l'auditif et du sensoriel.

Enjambement : phénomène de discordance entre la syntaxe et le mètre d'un vers.

Fête galante : nom donné à un genre pictural du XVIIIe siècle et dont Watteau est le principal représentant.

Lyrisme : expression des sentiments intimes du poète, associée à une recherche de musicalité.

Métaphore : figure de style consistant à assimiler deux éléments qui se ressemblent (le comparé et le comparant) sans outil de comparaison.

Mètre : structure d'un vers, déterminée par le nombre de syllabes.

Parnasse : mouvement de poésie française de la seconde moitié du XIXe siècle, qui s'oppose au romantisme et prône une perfection formelle et un lyrisme impersonnel.

Pastorale : genre littéraire remontant au XVIe siècle, dont les personnages sont des bergers et des bergères.

Registre : impression d'ensemble produite par la lecture d'un texte (on parle de *registre lyrique*, *tragique*, *élégiaque…*) ; niveau de langue particulier.

Rejet : élément placé en début de vers, étroitement lié au vers précédent.

Rimbaldien : propre à l'écriture et à la personne d'Arthur Rimbaud.

Romance : chanson sentimentale à strophes, avec accompagnement instrumental, en vogue aux XVIIIe et XIXe siècles en France ; pièce instrumentale de tempo modéré, inspirée par la romance.

Symbolisme : mouvement littéraire de la fin du XIXe siècle, né de la réaction au formalisme parnassien, s'attachant au mystère et à l'essence spirituelle des choses et des êtres.

Bibliographie et filmographie

Édition de référence

Paul Verlaine, ***Fêtes galantes et autres poèmes***, présentation par Jean Gaudon, coll. « GF », Flammarion, n° 285.

Autre édition

Paul Verlaine, ***Œuvres poétiques complètes***, coll. « Bibliothèque de la Pléiade », Gallimard, 1962.

Sur *Fêtes galantes* et *Romances sans paroles*

Arnaud Bernadet, ***Commentaire de « Fêtes galantes », « Romances sans paroles », précédé de « Poèmes saturniens »***, coll. « Foliothèque », Gallimard, 2007.

Sur l'époque de Verlaine et la littérature de son temps

Philippe Andrès, ***Le Parnasse***, Ellipses, 2000.

Charles Baudelaire, ***Les Fleurs du mal***, 1857 ; coll. « Petits Classiques », n° 27, Larousse, 2011.

Théophile Gautier, ***Émaux et Camées***, 1852 ; coll. « Poésie/Gallimard », Gallimard, 1981.

Jean-Nicolas Illouz, ***Le Symbolisme***, Le Livre de Poche, 2004.

Stéphane Mallarmé, ***Poésies et autres textes***, Le Livre de Poche, 2005.

Arthur Rimbaud, ***Poésies***, ***Illuminations***, ***Une saison en enfer***, préface de Louis Forestier, coll. « Folio classique », Gallimard, 2004.

Sur Paul Verlaine

Agnieszka Holland, ***Rimbaud-Verlaine***, film, 1995, disponible en DVD.

Pierre Petitfils, ***Paul Verlaine***, Julliard, 1994.

Henri Troyat, ***Verlaine***, Flammarion, 1993.

Paul Verlaine, ***Les Mémoires d'un veuf***, 1886 ; disponible au format Kindle.

Ex-madame Paul Verlaine, ***Mémoires de ma vie***, 1935 ; Champ Vallon, 2014.

Sur la peinture et le théâtre

Vogtherr Christoph Martin et Mary Tavener Holmes, ***De Watteau à Fragonard : les fêtes galantes***, ouvrage publié à l'occasion de l'exposition au musée Jacquemart-André, 2014.

« Antoine Watteau et le style rococo. De la commedia dell'arte à la fête galante », revue ***Artistes***, n° 44 ; disponible au format Kindle.

Sur la musique

Claude Debussy, ***Mélodies, 1885-1888***, mise en musique (voix et piano) des « Ariettes oubliées ». Interprétation de Sandrine Piau et Jos Van Immerseel, disponible en CD.

Léo Ferré, ***Léo Ferré chante Verlaine et Rimbaud***, album MP3, 2005.

Crédits photographiques

Couverture	**Dessin Alain Boyer**
11	Ph. Coll. Archives Larbor
15	Ph. Coll. Archives Larbor
19	Ph. Dornac Coll. Archives Larbor
21	Ph. Alain Canda Coll. Archives Larbor
23	Ph. Coll. Archives Larbor
26	Ph. Coll. Archives Larbor
54	Ph. Coll. Archives Larbor
97	Ph. © Archives Larbor
100	Ph. Jean Collas © Archives Larbor
103	Musée du Louvre, Paris. Ph. H. Josse © Archives Larbor
106	The National Gallery, Londres. Ph. Coll. Archives Larbor

Imprimé en Italie par La Tipografica Varese Srl
Dépôt légal : août 2015 – 316701/01
N° de projet : 11030946 – Août 2015